コグトレ

点《てん》つなぎ ①－1

年《ねん》　　月《がつ》　　日《にち》　名前《なまえ》（　　　　　　　　　　）

上《うえ》の絵《え》と同《おな》じように × をつないで下《した》に写《うつ》しましょう。

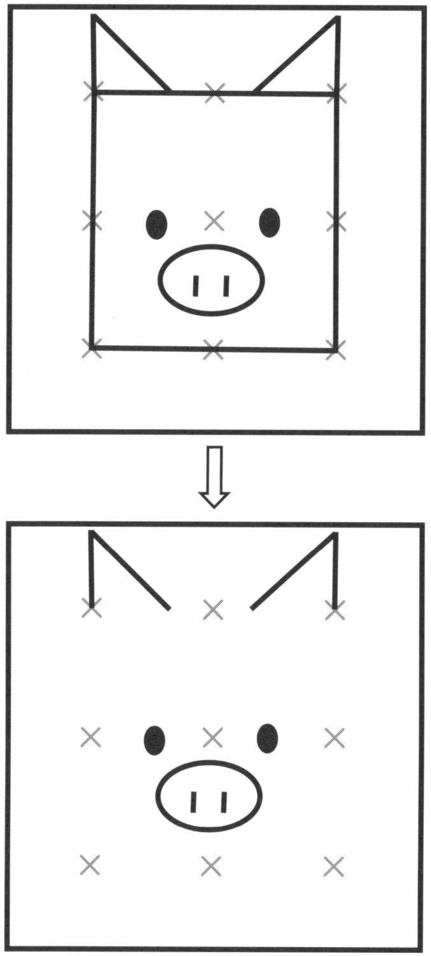

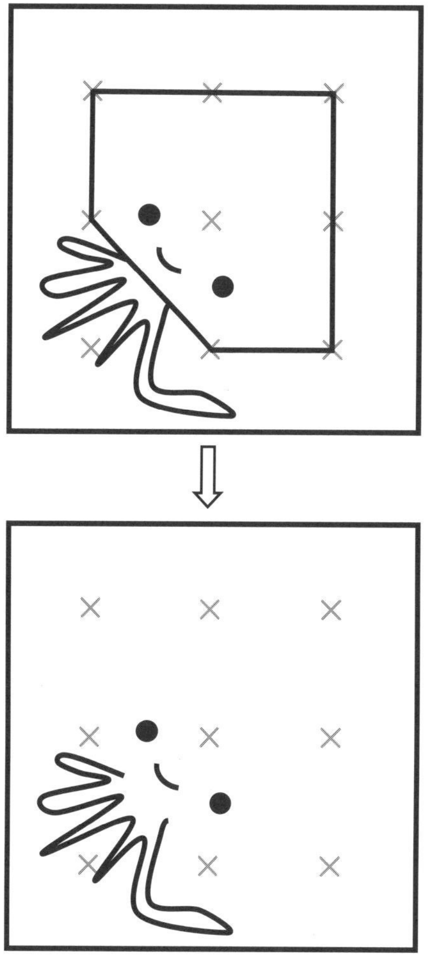

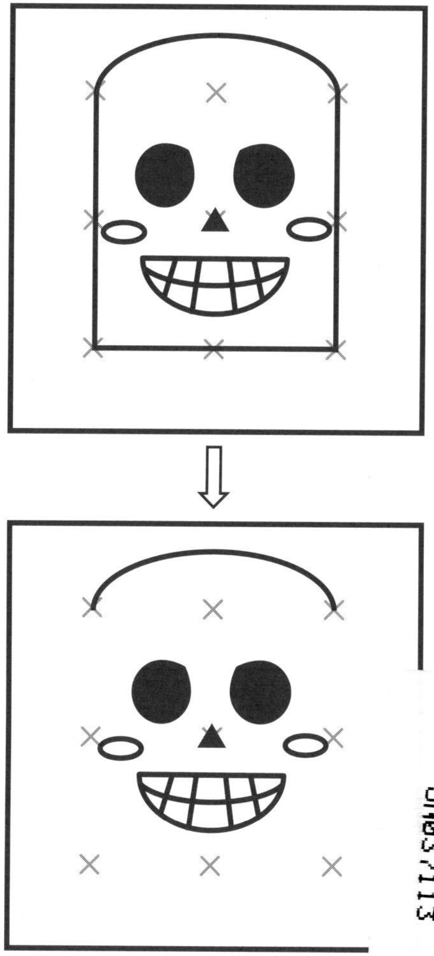

宮口幸治：やさしいコグトレ―認知機能強化トレーニング．三輪書店、2018 より

点《てん》つなぎ　①－2

年《ねん》　　月《がつ》　　日《にち》　名前《なまえ》（　　　　　　　　　　）

上《うえ》の絵《え》と同《おな》じように × をつないで下《した》に写《うつ》しましょう。

宮口幸治：やさしいコグトレ—認知機能強化トレーニング．三輪書店、2018 より

コグトレ

点《てん》つなぎ ① - 3

年《ねん》　　月《がつ》　　日《にち》　名前《なまえ》（　　　　　　　　　　）

上《うえ》の絵《え》と同《おな》じように × をつないで下《した》に写《うつ》しましょう。

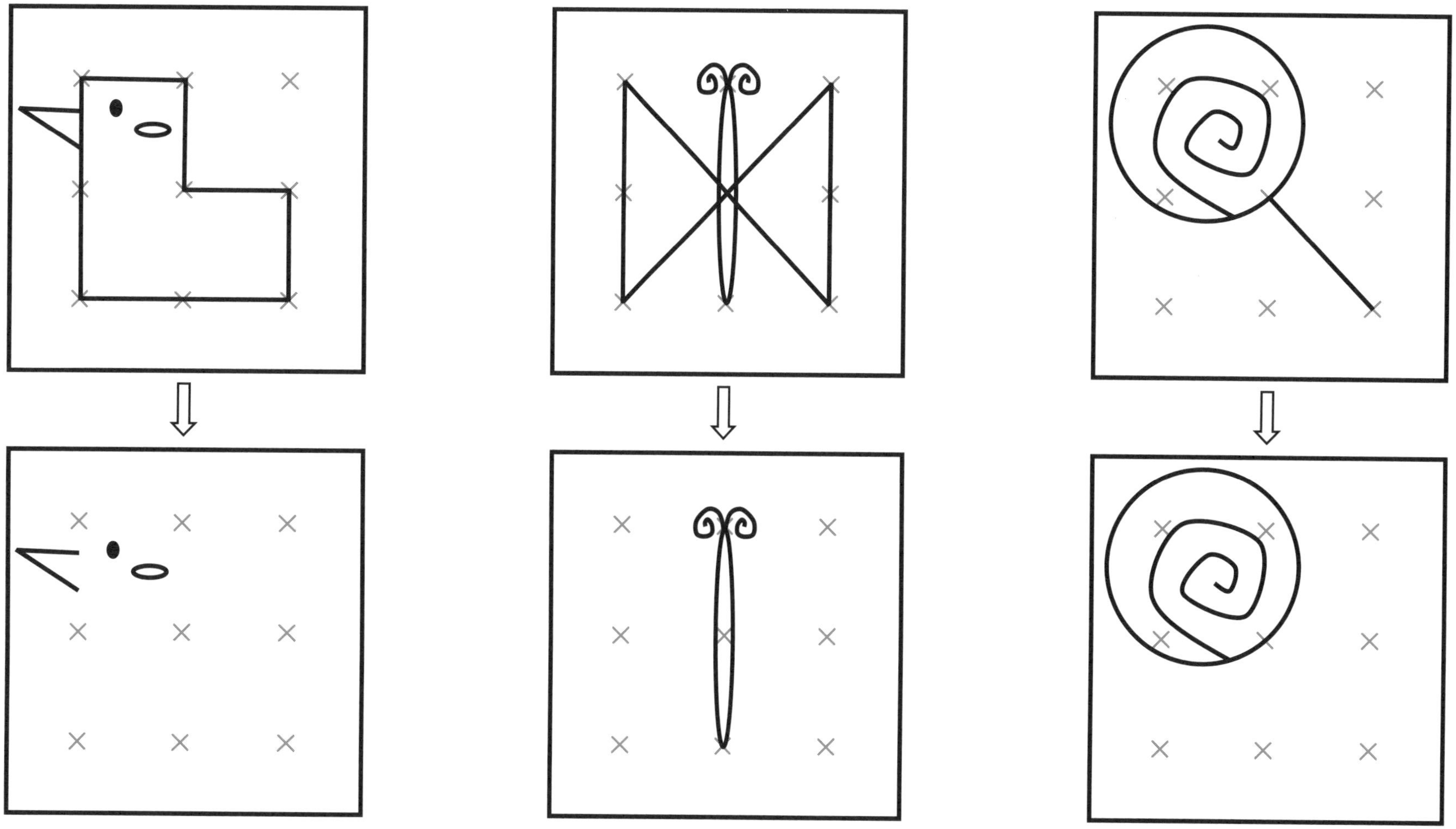

宮口幸治：やさしいコグトレ―認知機能強化トレーニング．三輪書店、2018 より

点《てん》つなぎ ① - 4

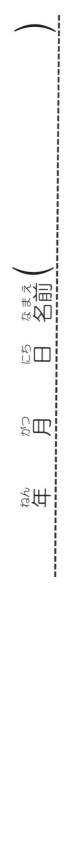

年《ねん》　月《がつ》　日《にち》　名前《なまえ》（　　　　　　　　）

上《うえ》の絵《え》と同《おな》じように × をつないで下《した》に写《うつ》しましょう。

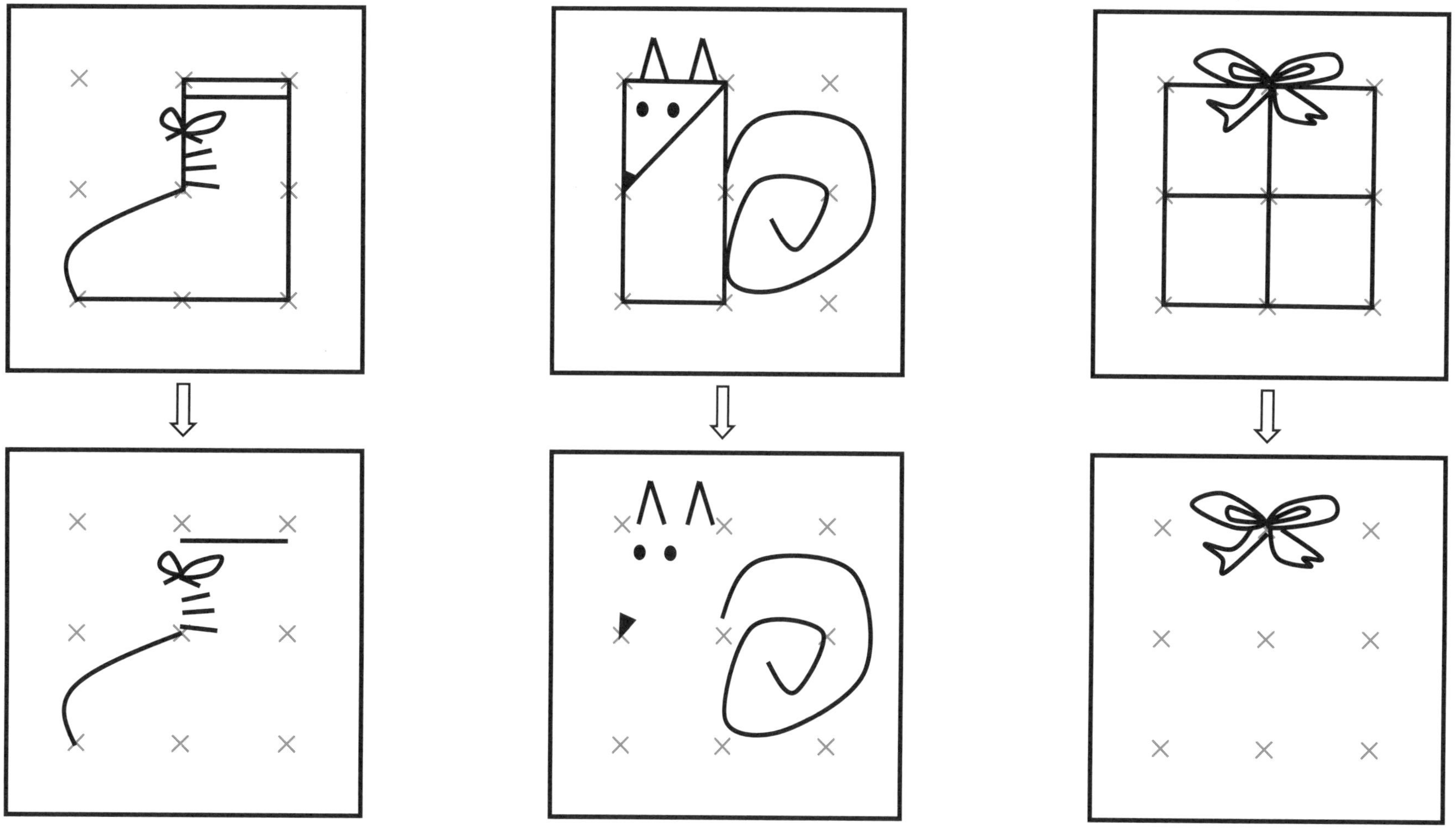

宮口幸治：やさしいコグトレ—認知機能強化トレーニング．三輪書店、2018 より

コグトレ

点《てん》つなぎ ① - 5

年《ねん》　月《がつ》　日《にち》 名前《なまえ》(　　　　　　　)

上《うえ》の絵《え》と同《おな》じように × をつないで下《した》に写《うつ》しましょう。

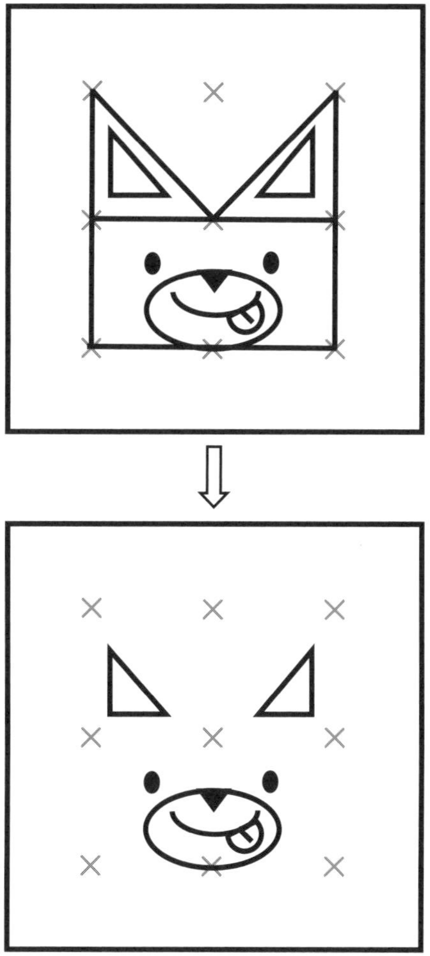

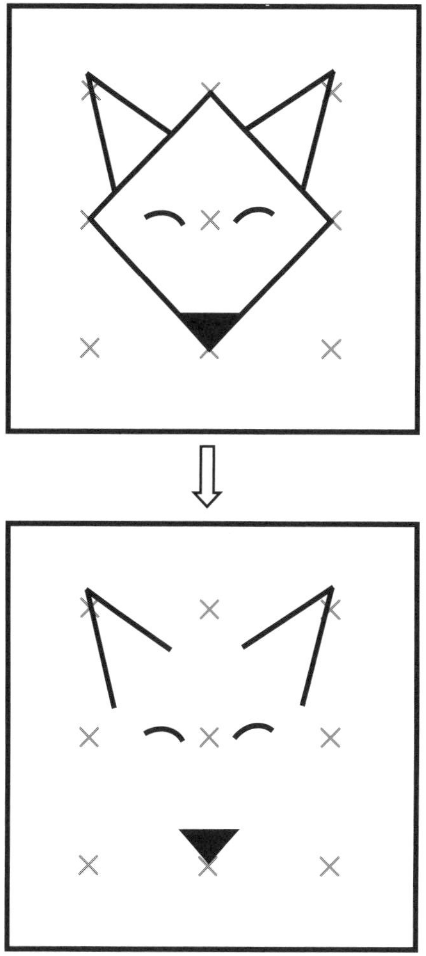

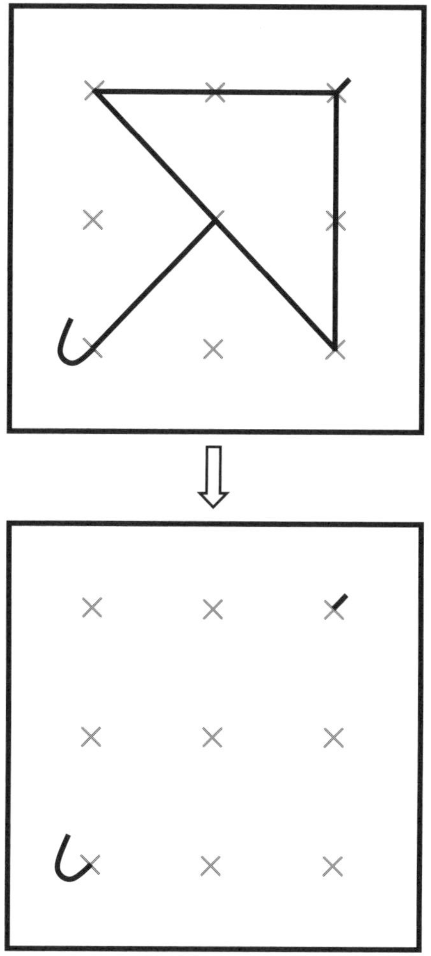

宮口幸治：やさしいコグトレ―認知機能強化トレーニング．三輪書店、2018 より

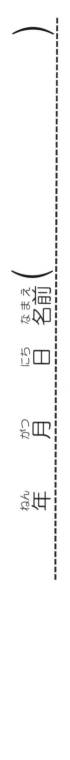

点《てん》つなぎ ① - 6

年《ねん》　月《がつ》　日《にち》　名前《なまえ》（　　　　　　　　）

上《うえ》の絵《え》と同《おな》じように × をつないで下《した》に写《うつ》しましょう。

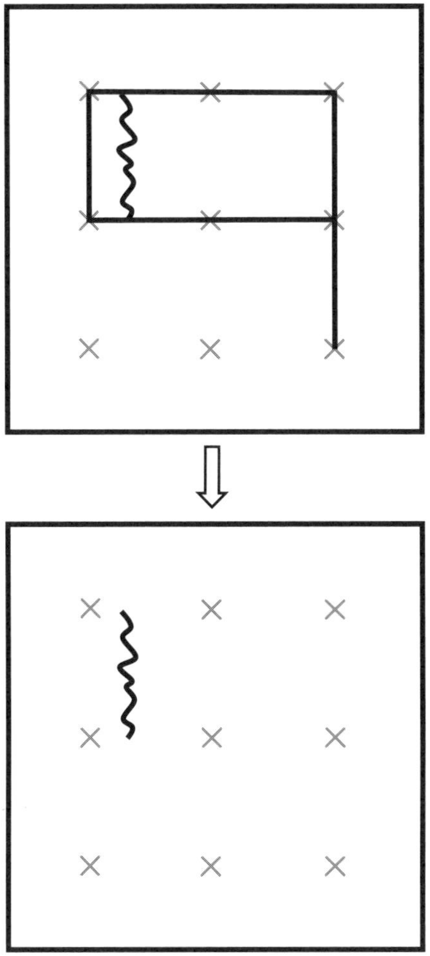

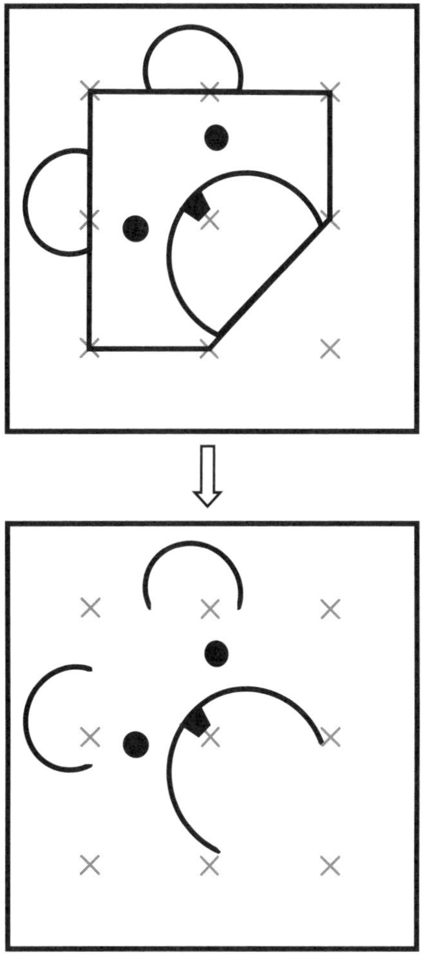

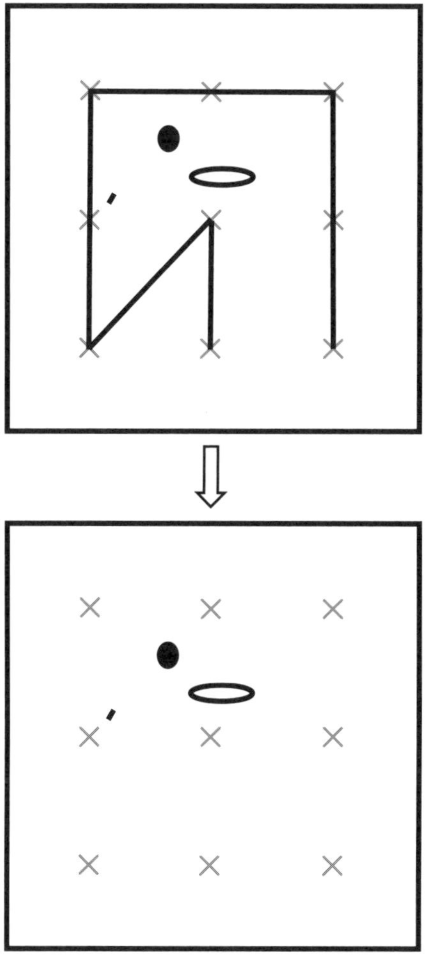

宮口幸治：やさしいコグトレ—認知機能強化トレーニング．三輪書店、2018 より

コグトレ

点《てん》つなぎ ① - 7

年《ねん》　　月《がつ》　　日《にち》　名前《なまえ》（　　　　　　　　　　）

上《うえ》の絵《え》と同《おな》じように × をつないで下《した》に写《うつ》しましょう。

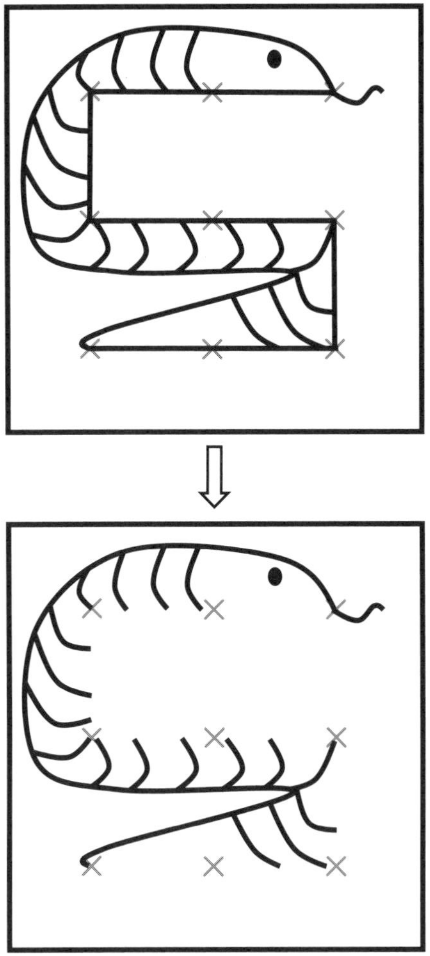

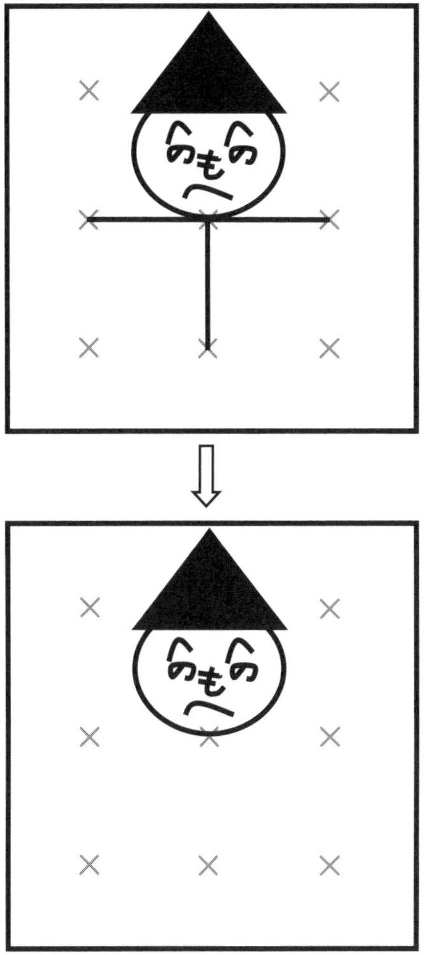

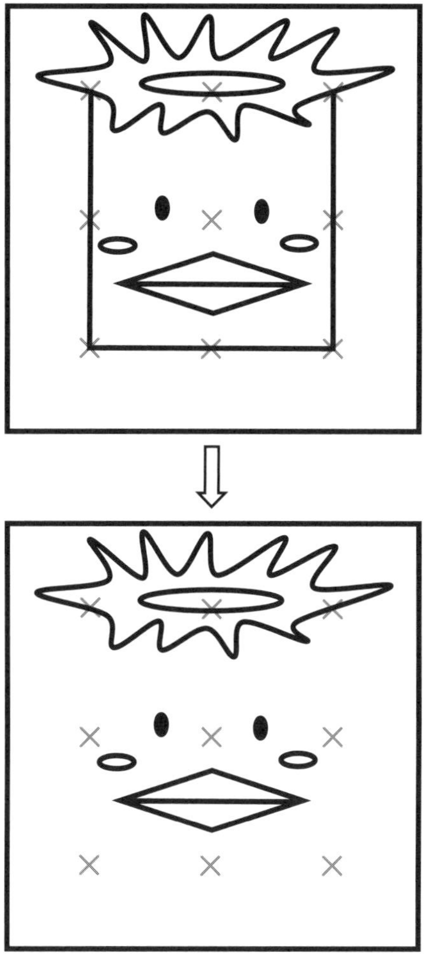

コグトレ

点《てん》つなぎ ① - 8

年《ねん》　　月《がつ》　　日《にち》　名前《なまえ》（　　　　　　　　　　）

上《うえ》の絵《え》と同《おな》じように × をつないで下《した》に写《うつ》しましょう。

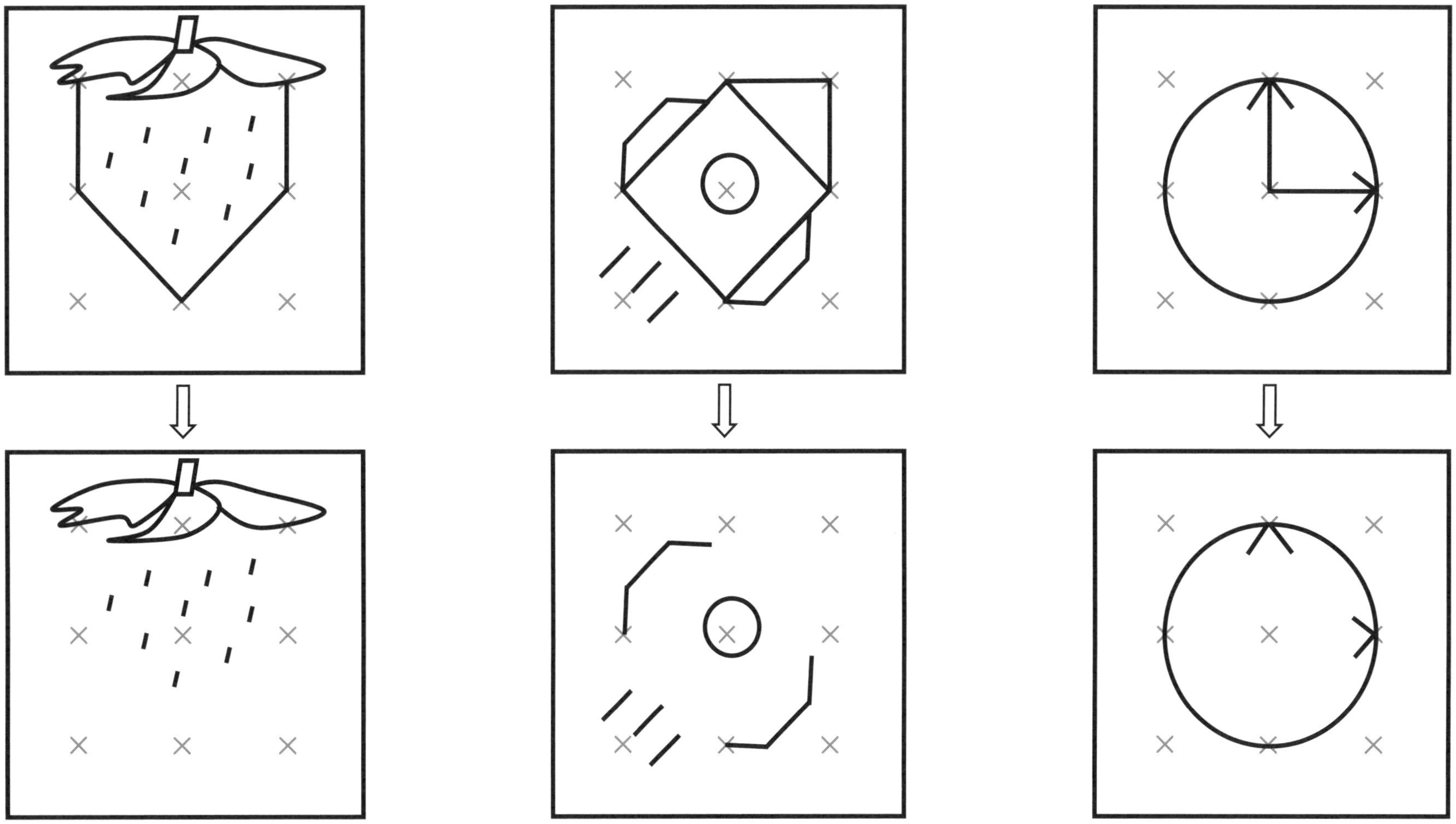

宮口幸治：やさしいコグトレ―認知機能強化トレーニング．三輪書店、2018 より

コグトレ

点《てん》つなぎ ① -9

年《ねん》　月《がつ》　日《にち》　名前《なまえ》（　　　　　　　　　）

上《うえ》の絵《え》と同《おな》じように × をつないで下《した》に写《うつ》しましょう。

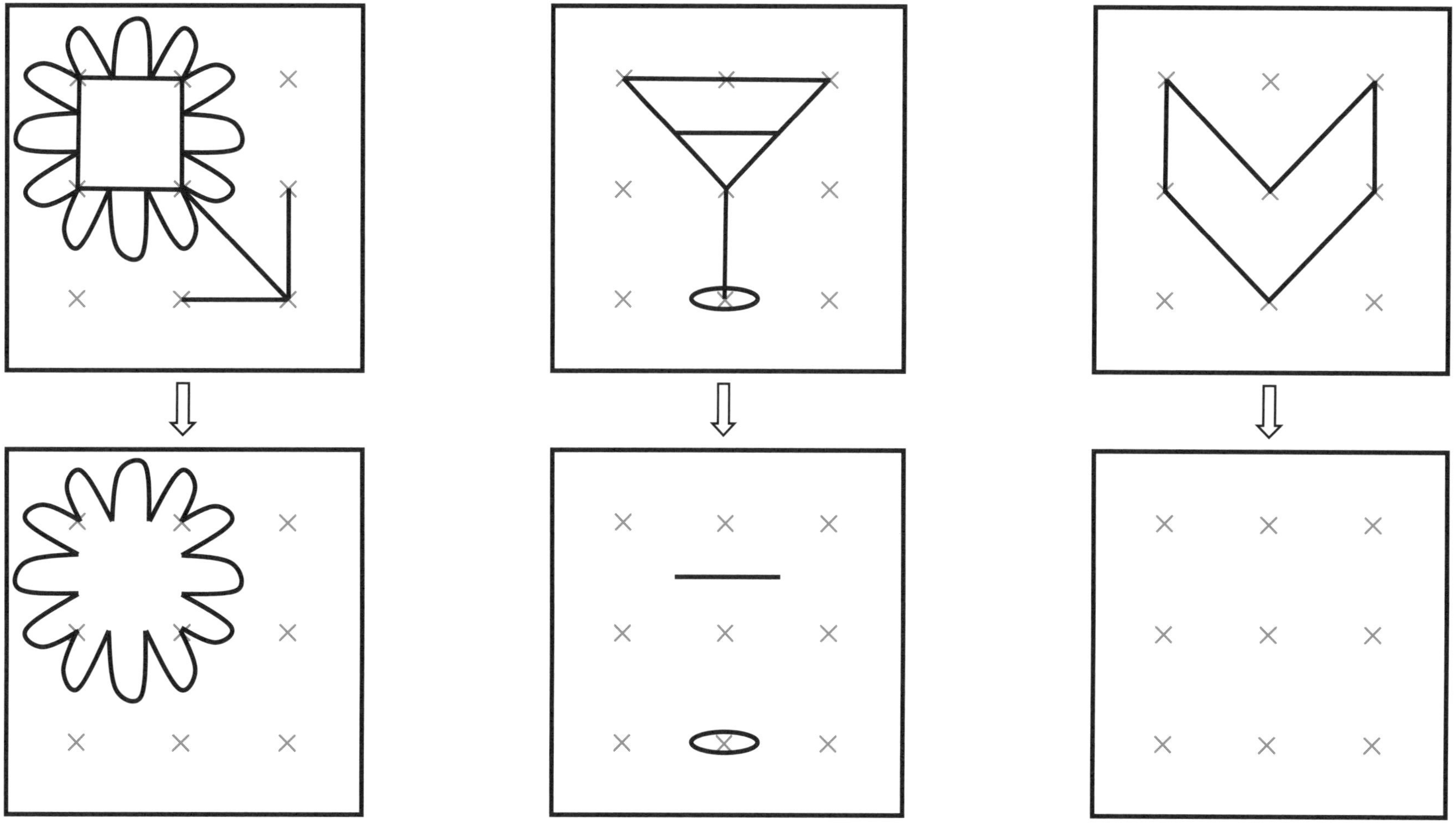

宮口幸治：やさしいコグトレ―認知機能強化トレーニング．三輪書店、2018 より

点《てん》つなぎ　① - 10

年《ねん》　月《がつ》　日《にち》　名前《なまえ》（　　　　　　　　）

上《うえ》の絵《え》と同《おな》じように × をつないで下《した》に写《うつ》しましょう。

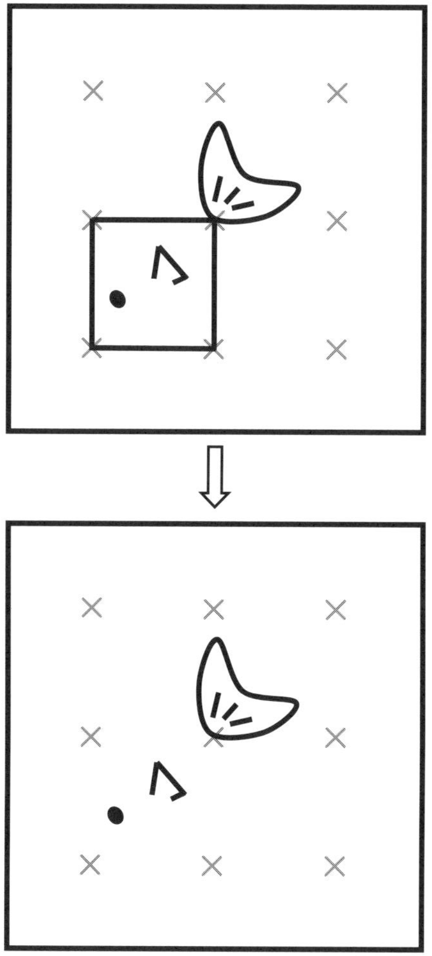

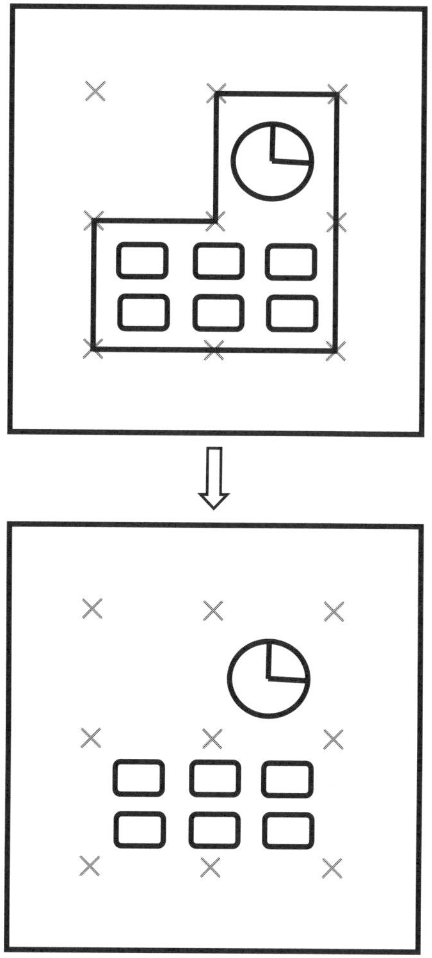

宮口幸治：やさしいコグトレ―認知機能強化トレーニング．三輪書店、2018 より

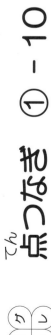

コグトレ

点《てん》つなぎ　① - 11

年《ねん》　月《がつ》　日《にち》　名前《なまえ》（　　　　　　　　）

上《うえ》の絵《え》と同《おな》じように ×　をつないで下《した》に写《うつ》しましょう。

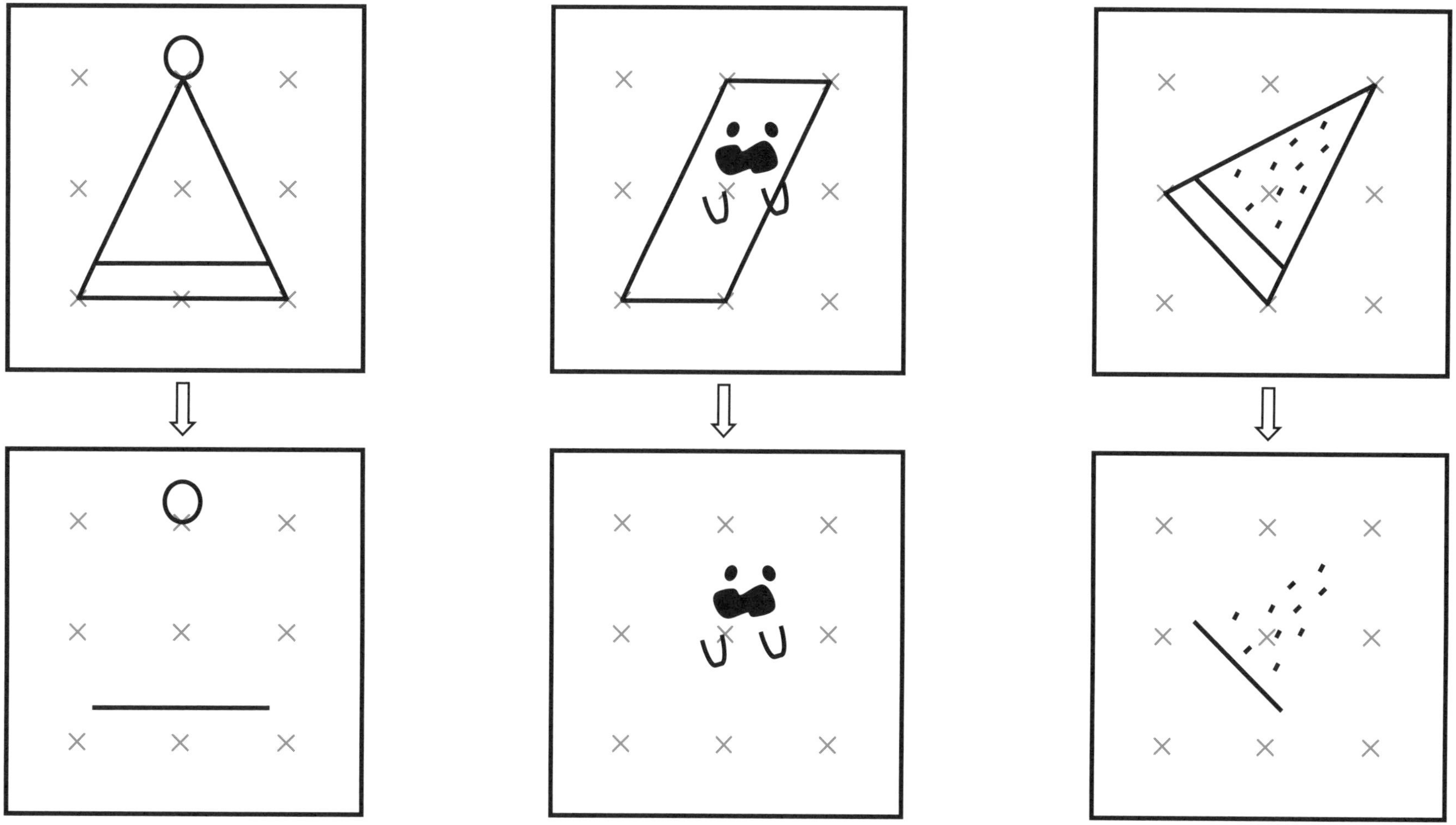

宮口幸治：やさしいコグトレ―認知機能強化トレーニング．三輪書店、2018 より

点《てん》つなぎ ① - 12

年《ねん》　月《がつ》　日《にち》　名前《なまえ》(　　　　　　　　　　)

上《うえ》の絵《え》と同《おな》じように × をつないで下《した》に写《うつ》しましょう。

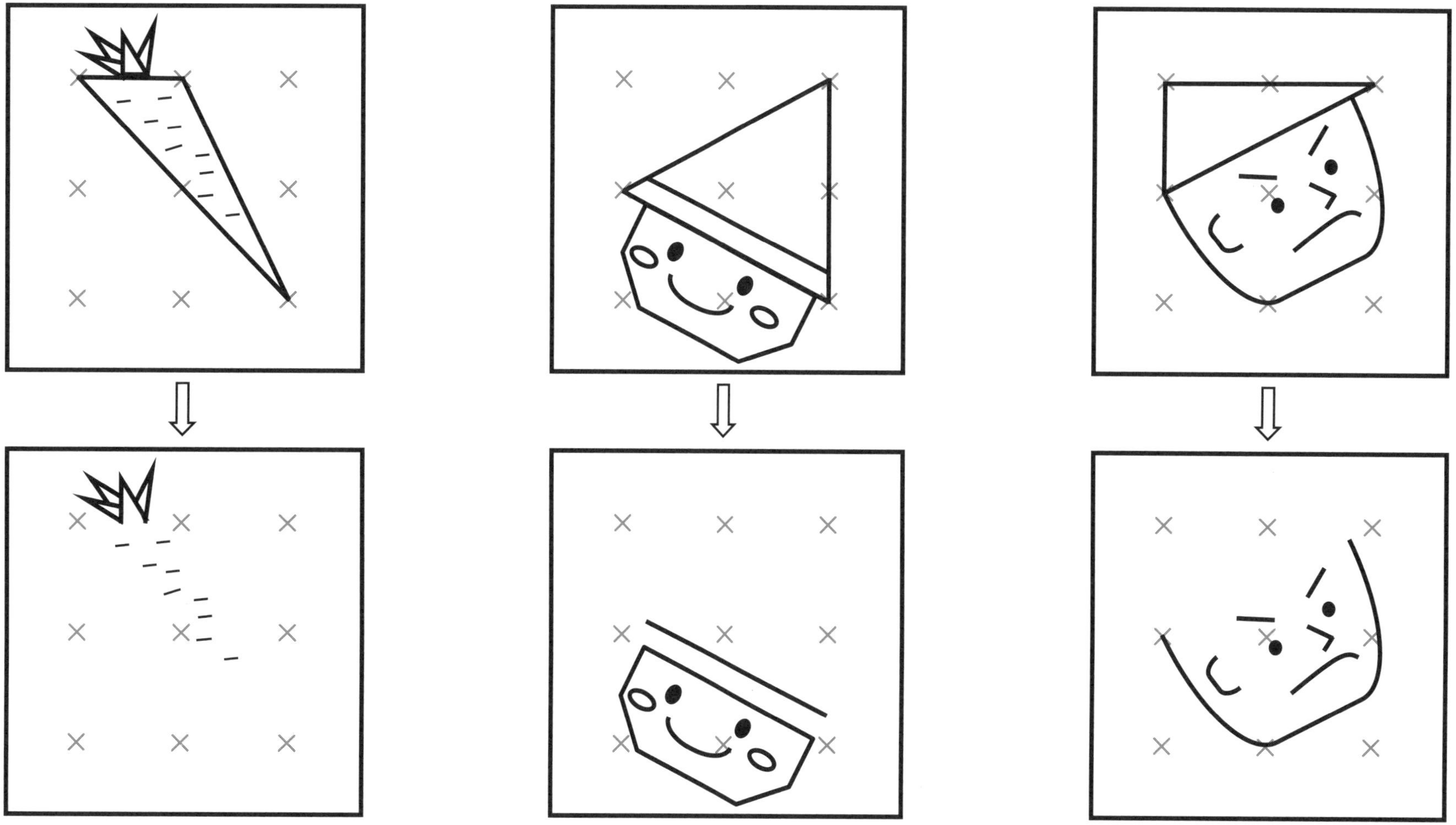

点《てん》つなぎ ① - 13

年《ねん》　月《がつ》　日《にち》　名前《なまえ》（　　　　　　）

上《うえ》の絵《え》と同《おな》じように × をつないで下《した》に写《うつ》しましょう。

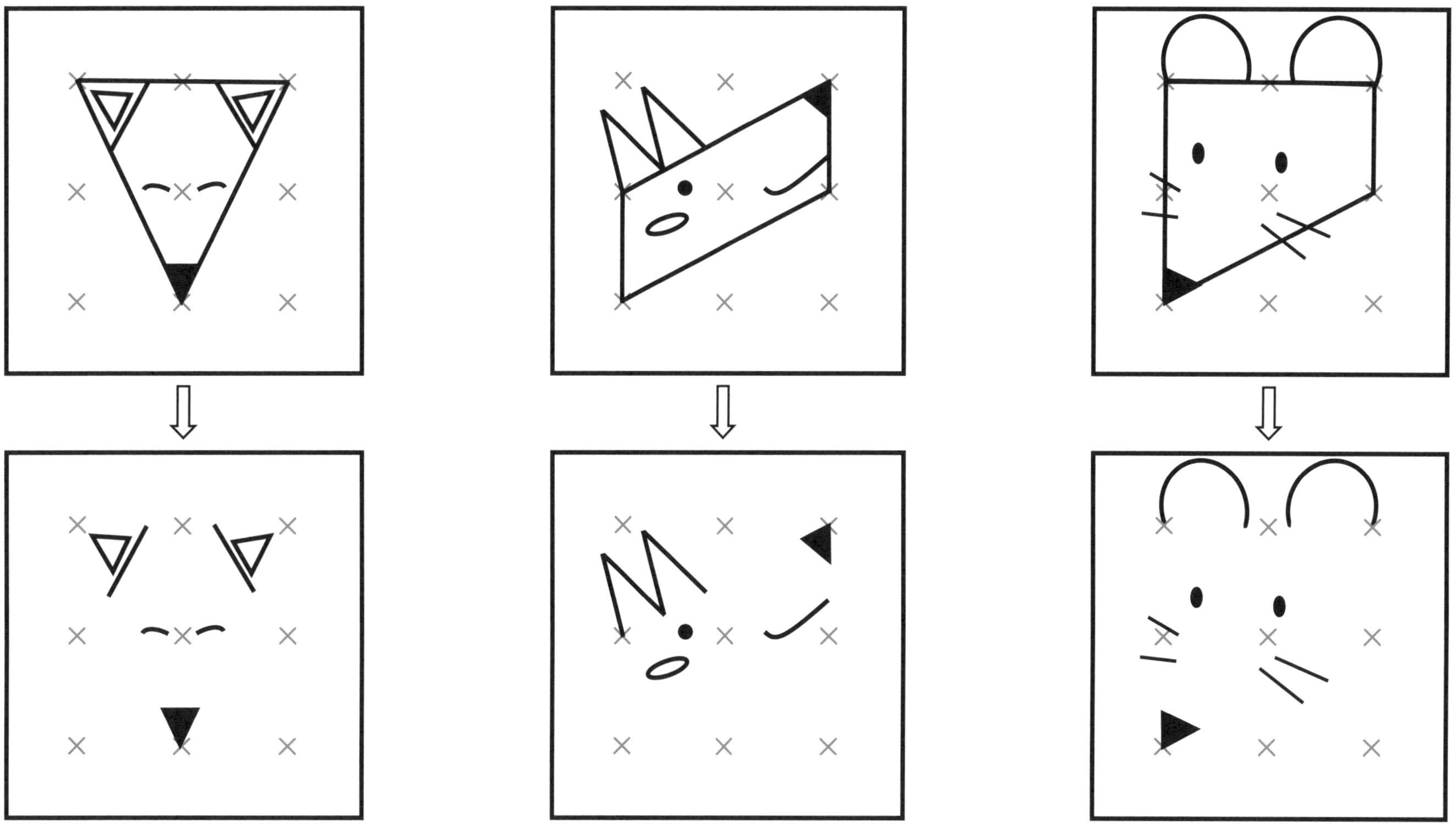

宮口幸治：やさしいコグトレ―認知機能強化トレーニング．三輪書店、2018 より

点《てん》つなぎ　①－14

年《ねん》　月《がつ》　日《にち》　名前《なまえ》（　　　　　　　　）

上《うえ》の絵《え》と同《おな》じように × をつないで下《した》に写《うつ》しましょう。

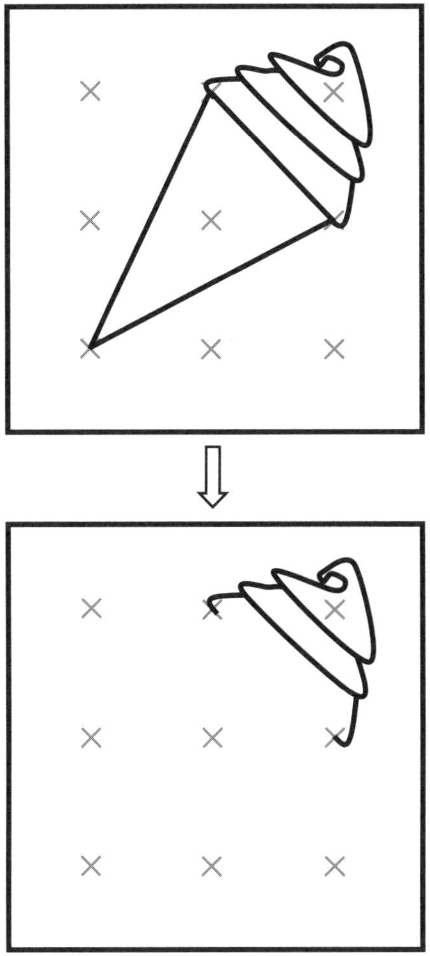

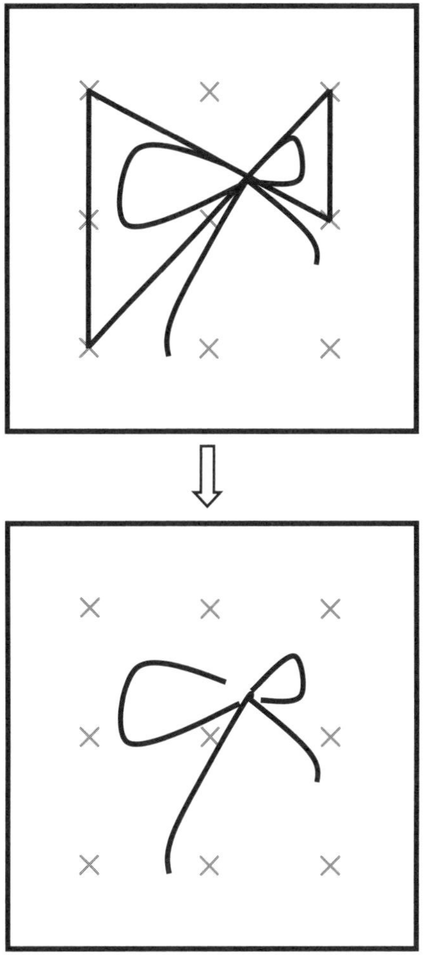

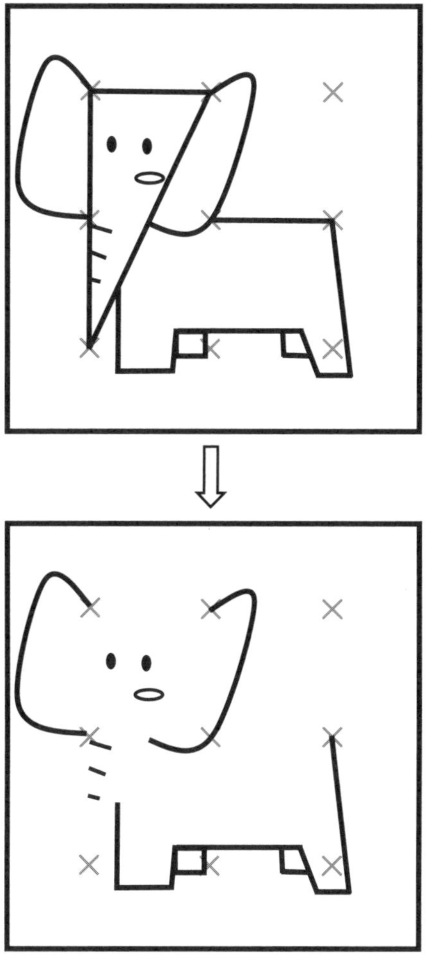

宮口幸治：やさしいコグトレ―認知機能強化トレーニング．三輪書店、2018 より

点《てん》つなぎ ①-15

年《ねん》　月《がつ》　日《にち》　名前《なまえ》（　　　　　　　　）

上《うえ》の絵《え》と同《おな》じように × をつないで下《した》に写《うつ》しましょう。

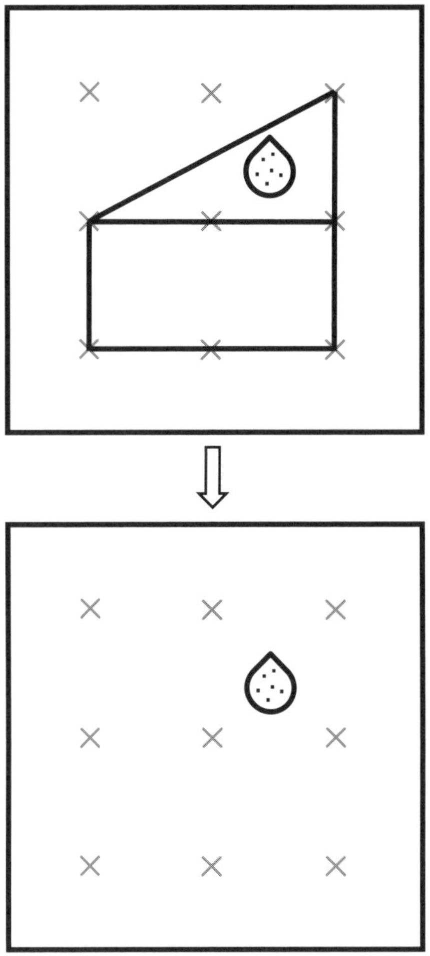

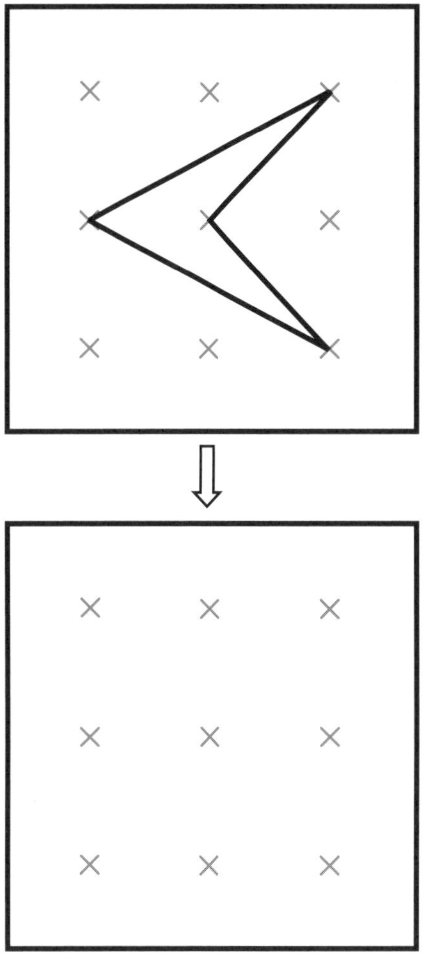

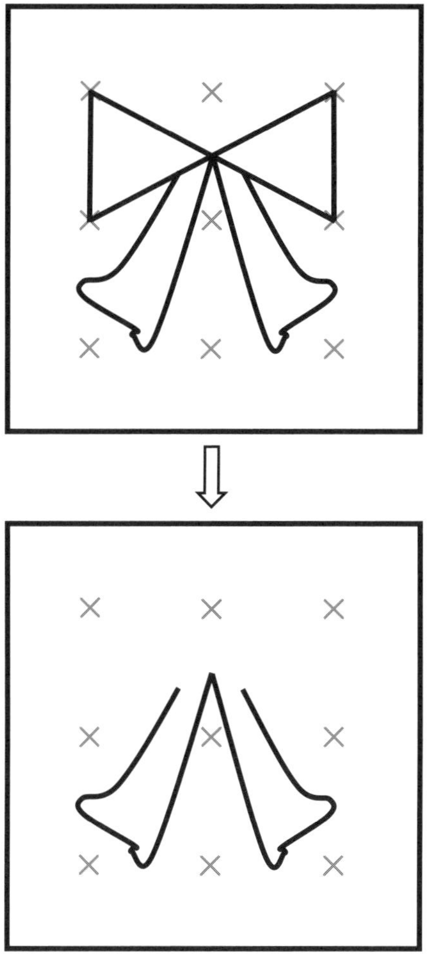

宮口幸治：やさしいコグトレ―認知機能強化トレーニング．三輪書店、2018 より

点《てん》つなぎ ① - 16

年《ねん》　　月《がつ》　　日《にち》　名前《なまえ》（　　　　　　　　　）

上《うえ》の絵《え》と同《おな》じように × をつないで下《した》に写《うつ》しましょう。

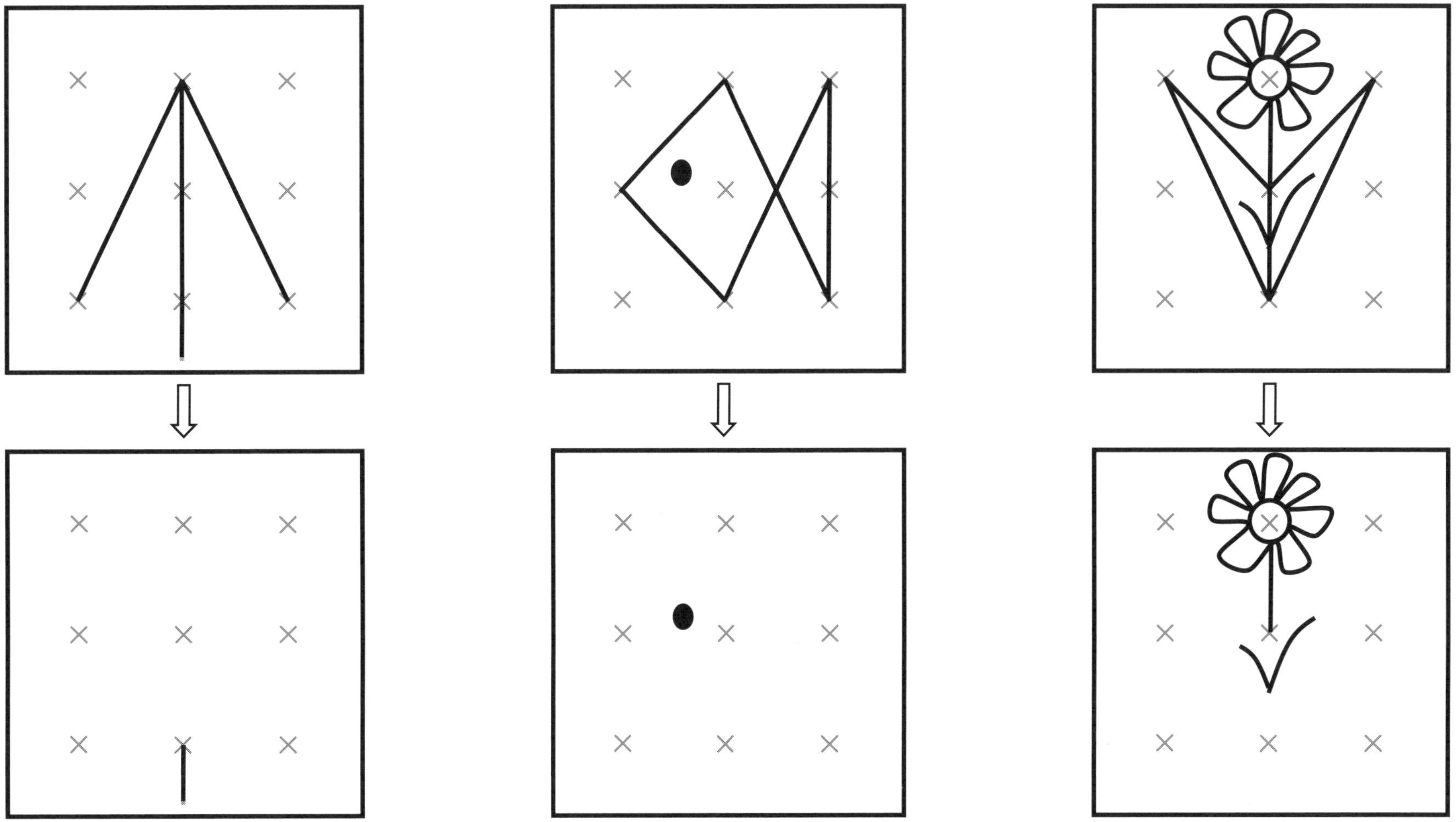

宮口幸治：やさしいコグトレ―認知機能強化トレーニング．三輪書店、2018 より

点《てん》つなぎ ① - 17

年《ねん》　　月《がつ》　　日《にち》　名前《なまえ》（　　　　　　　　　　）

上《うえ》の絵《え》と同《おな》じように × をつないで下《した》に写《うつ》しましょう。

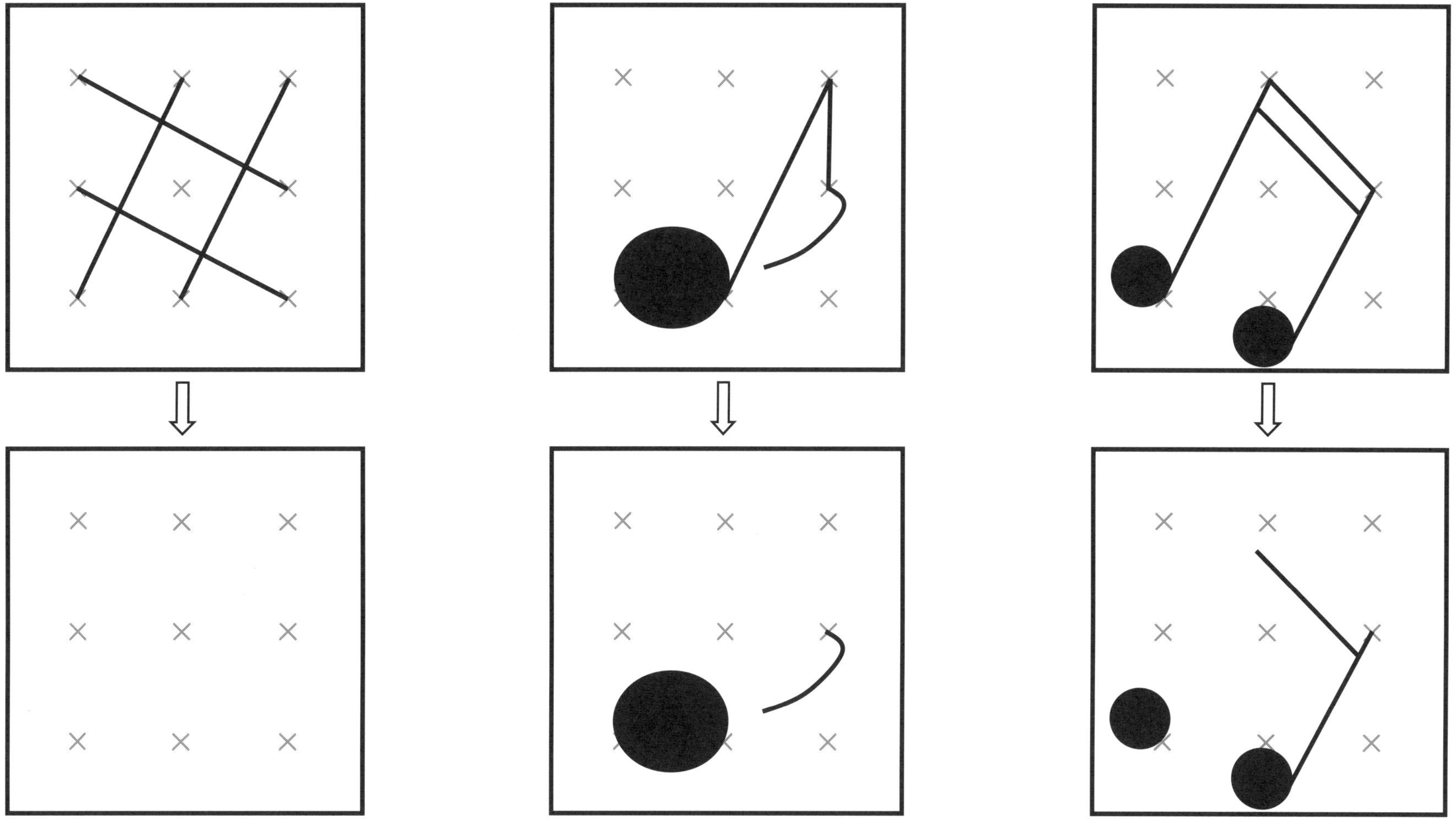

宮口幸治：やさしいコグトレ―認知機能強化トレーニング．三輪書店、2018 より

点《てん》つなぎ ① - 18

年《ねん》　月《がつ》　日《にち》　名前《なまえ》（　　　　　　）

上《うえ》の絵《え》と同《おな》じように × をつないで下《した》に写《うつ》しましょう。

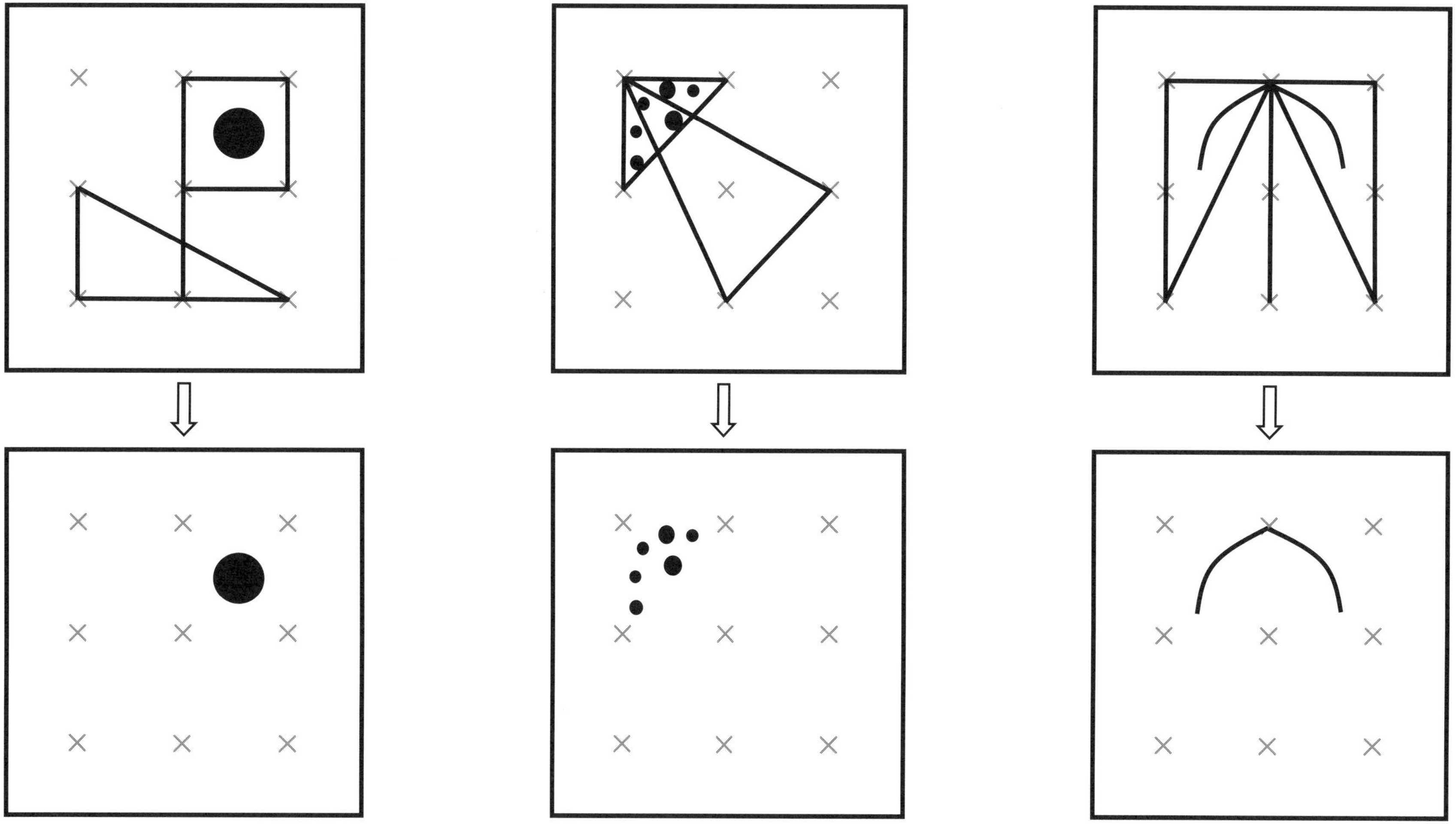

宮口幸治：やさしいコグトレ―認知機能強化トレーニング．三輪書店、2018 より

点《てん》つなぎ ①－19

年《ねん》　月《がつ》　日《にち》　名前《なまえ》（　　　　　　　　　）

上《うえ》の絵《え》と同《おな》じように × をつないで下《した》に写《うつ》しましょう。

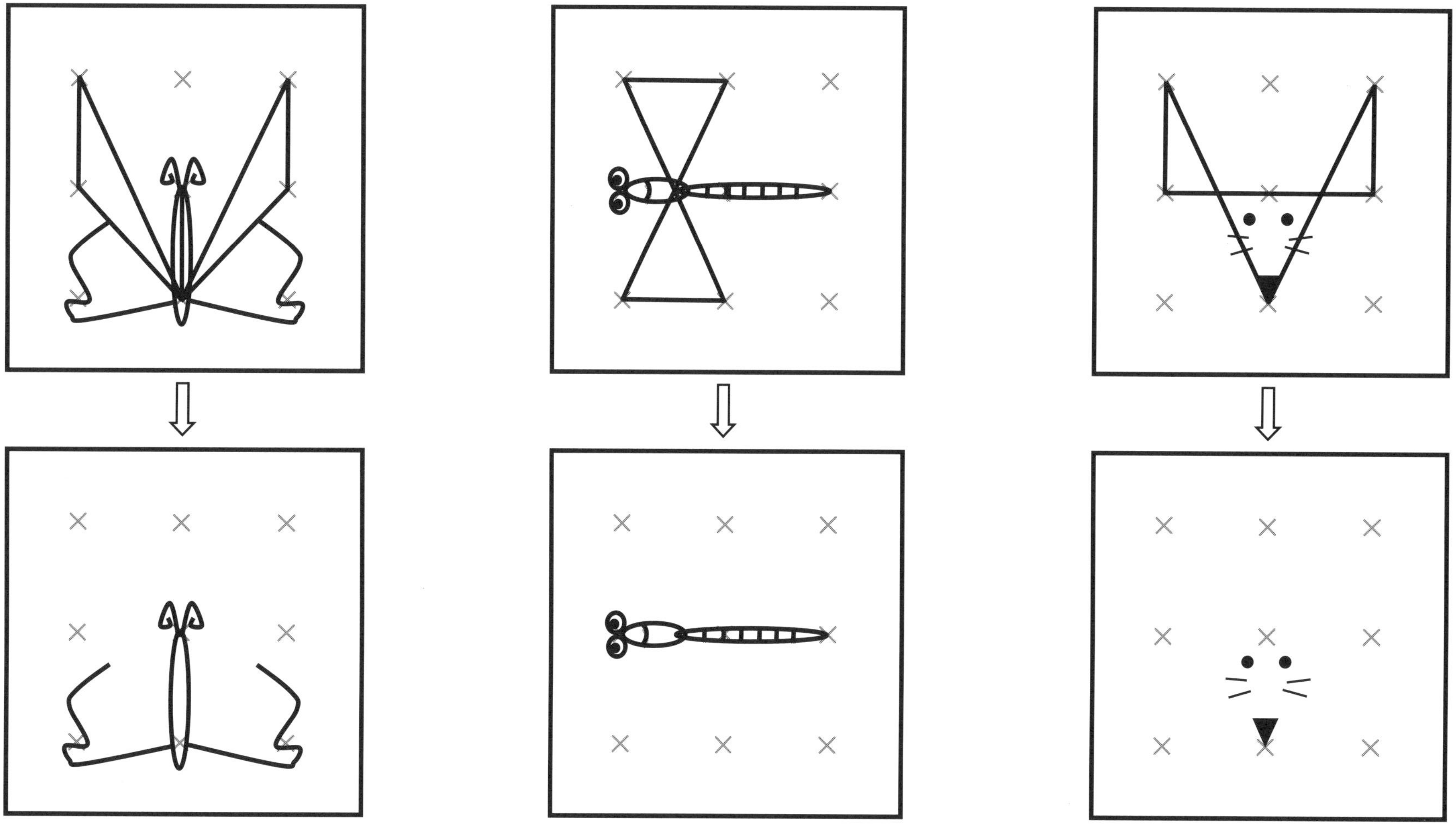

宮口幸治：やさしいコグトレ―認知機能強化トレーニング．三輪書店、2018より

コグ
トレ

点《てん》つなぎ ① - 20

年《ねん》　　月《がつ》　　日《にち》　名前《なまえ》（　　　　　　　　　　）

上《うえ》の絵《え》と同《おな》じように × をつないで下《した》に写《うつ》しましょう。

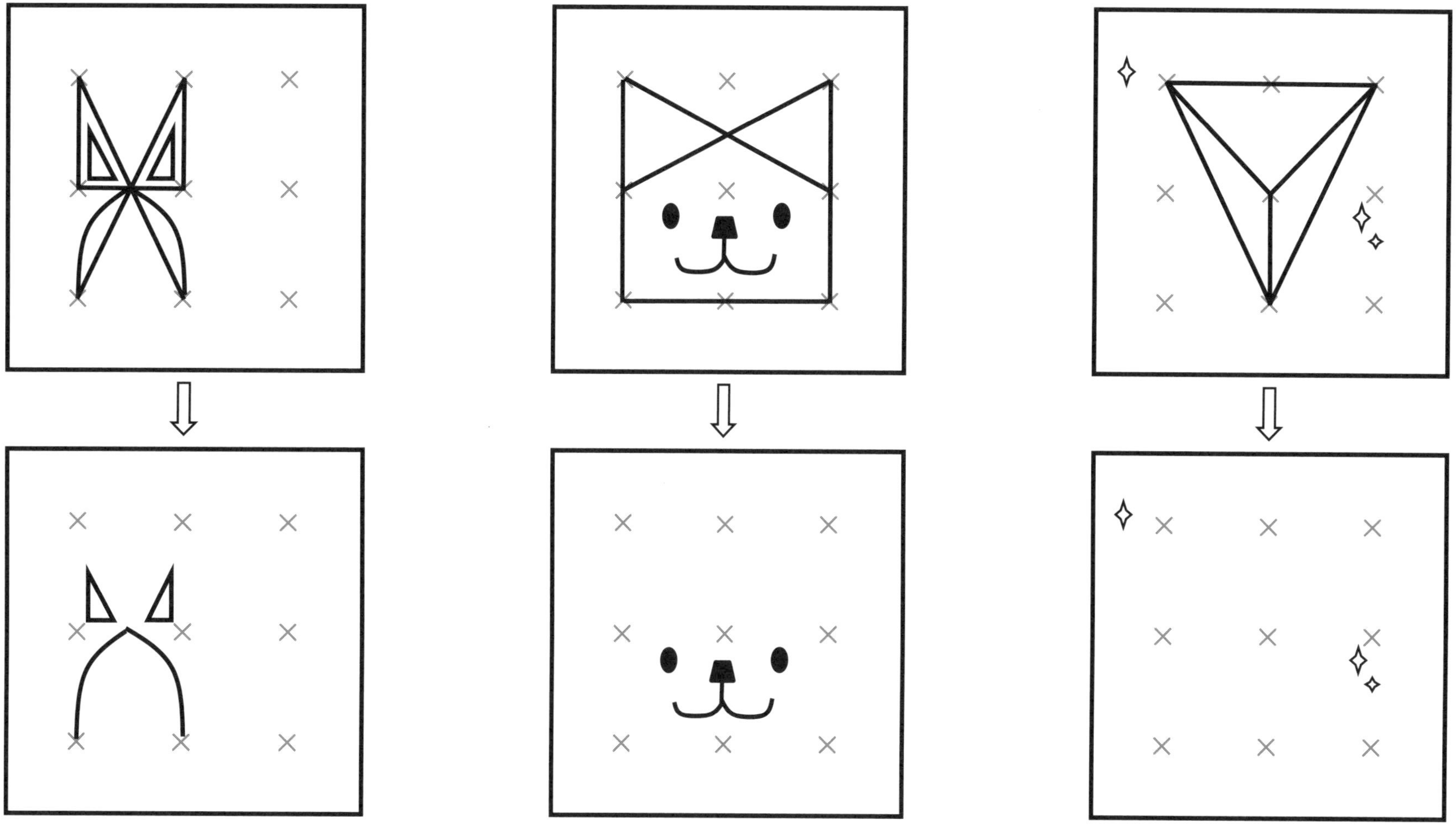

宮口幸治：やさしいコグトレ―認知機能強化トレーニング．三輪書店、2018 より

コグトレ

点《てん》つなぎ ① - 21

年《ねん》　　月《がつ》　　日《にち》　名前《なまえ》（　　　　　　　　　）

上《うえ》の絵《え》と同《おな》じように × をつないで下《した》に写《うつ》しましょう。

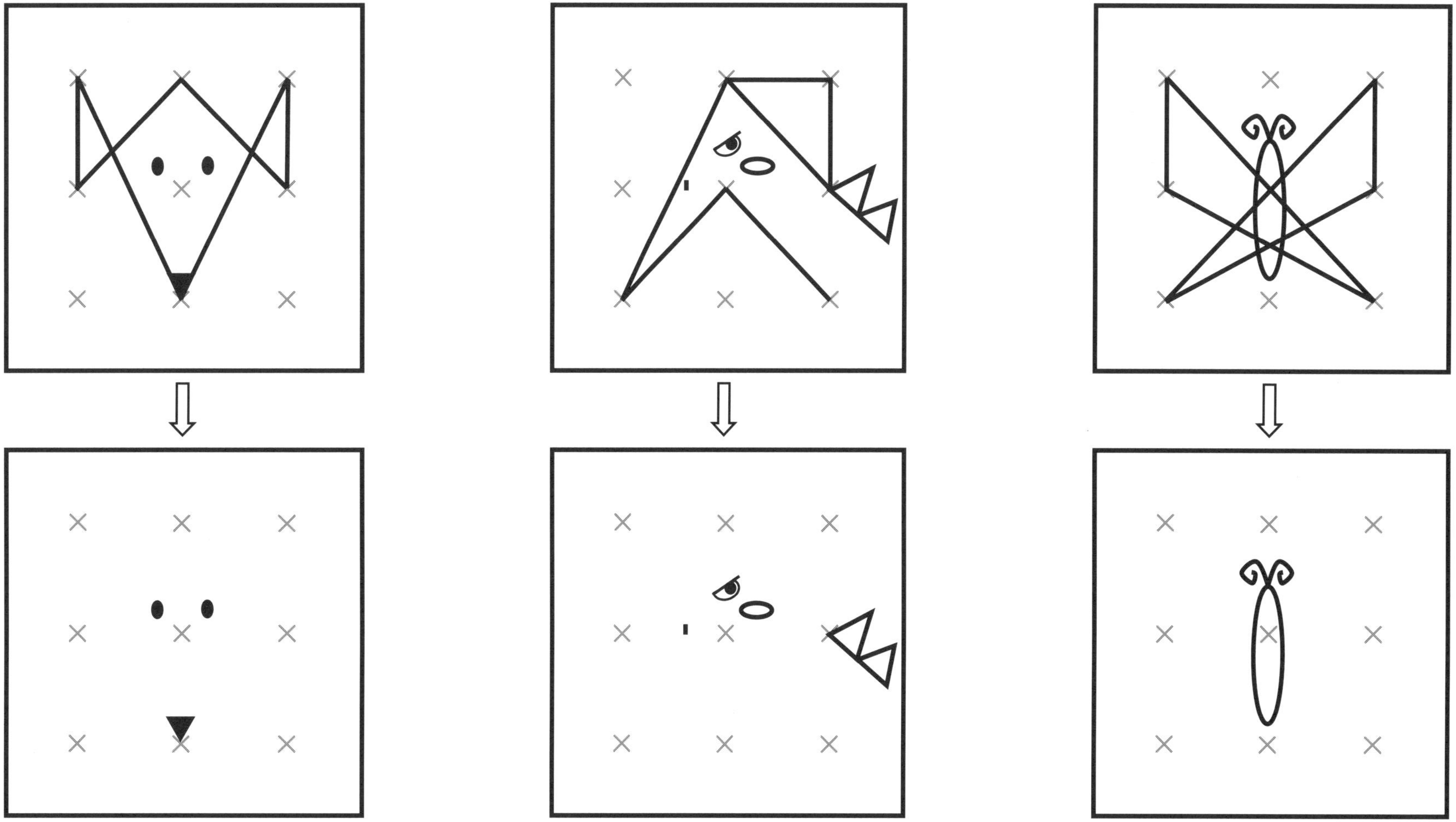

宮口幸治：やさしいコグトレ―認知機能強化トレーニング．三輪書店、2018 より

点《てん》つなぎ ① - 22

年《ねん》　月《がつ》　日《にち》　名前《なまえ》（　　　　　　　　）

上《うえ》の絵《え》と同《おな》じように × をつないで下《した》に写《うつ》しましょう。

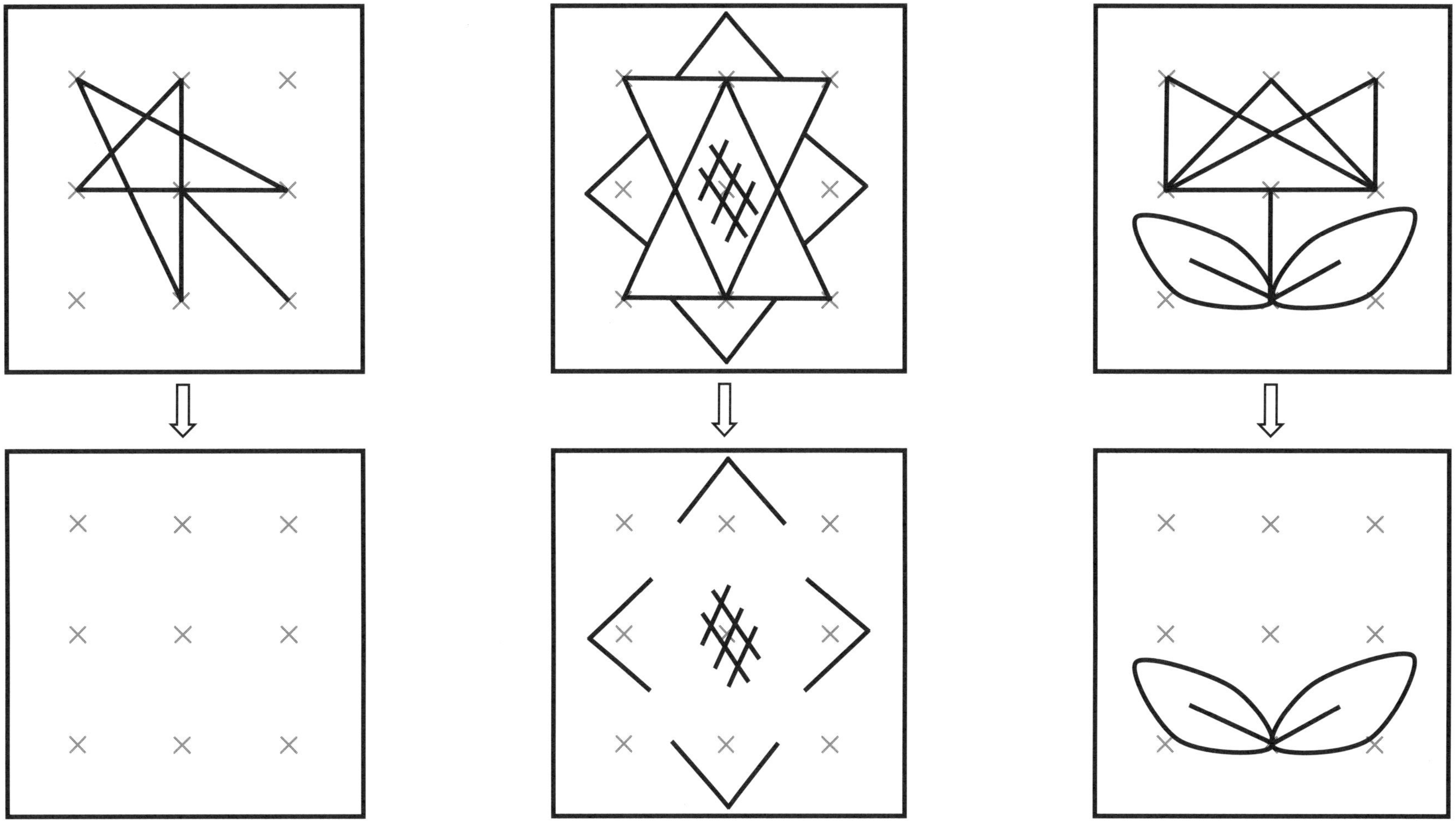

宮口幸治：やさしいコグトレ―認知機能強化トレーニング．三輪書店、2018 より

コグトレ

点《てん》つなぎ ①-23

年《ねん》　　月《がつ》　　日《にち》　名前《なまえ》(　　　　　　　　　　)

上《うえ》の絵《え》と同《おな》じように × をつないで下《した》に写《うつ》しましょう。

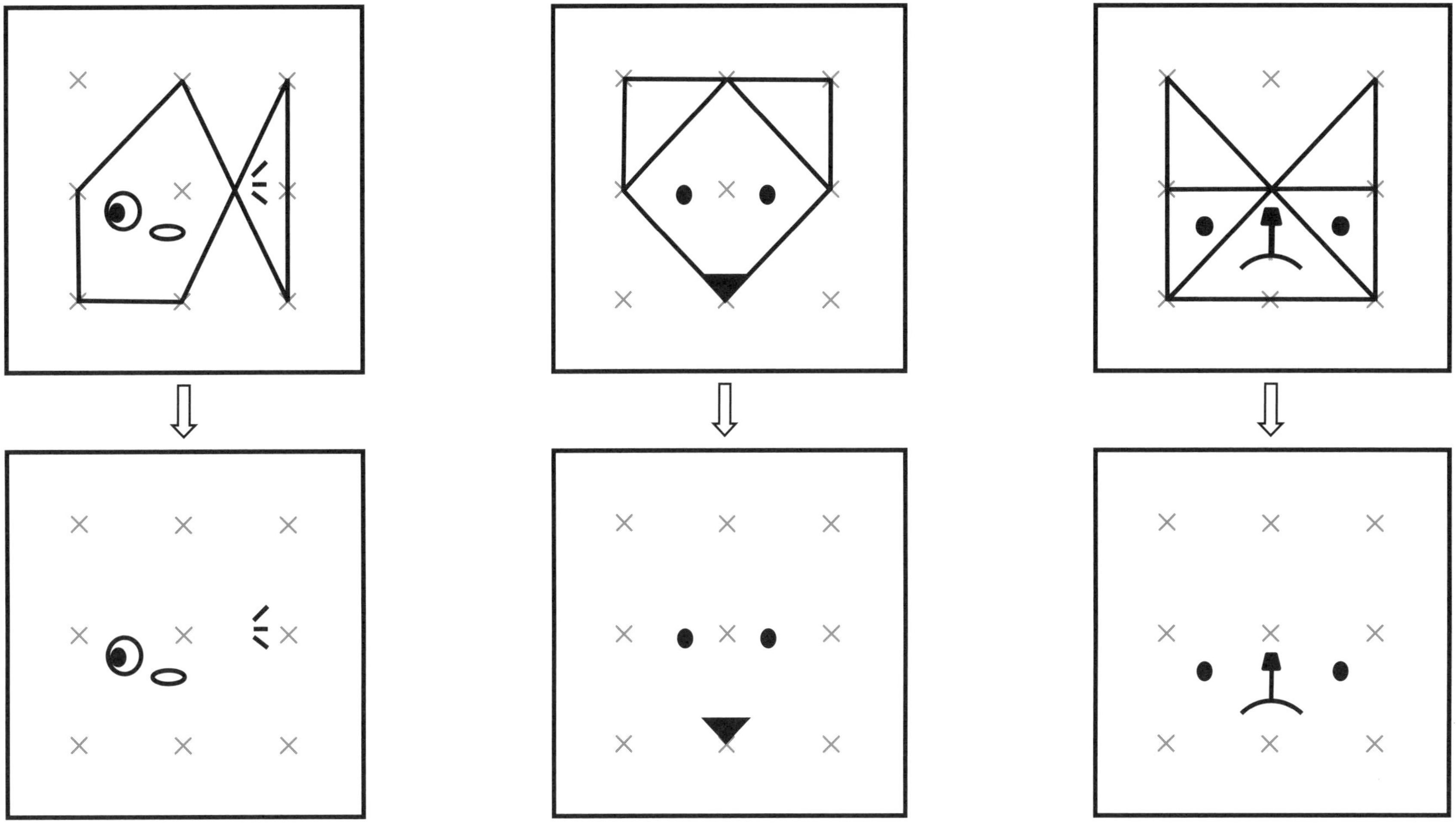

宮口幸治：やさしいコグトレ―認知機能強化トレーニング．三輪書店、2018 より

コグトレ

点《てん》つなぎ ① - 24

年《ねん》　月《がつ》　日《にち》　名前《なまえ》（　　　　　　　）

上《うえ》の絵《え》と同《おな》じように × をつないで下《した》に写《うつ》しましょう。

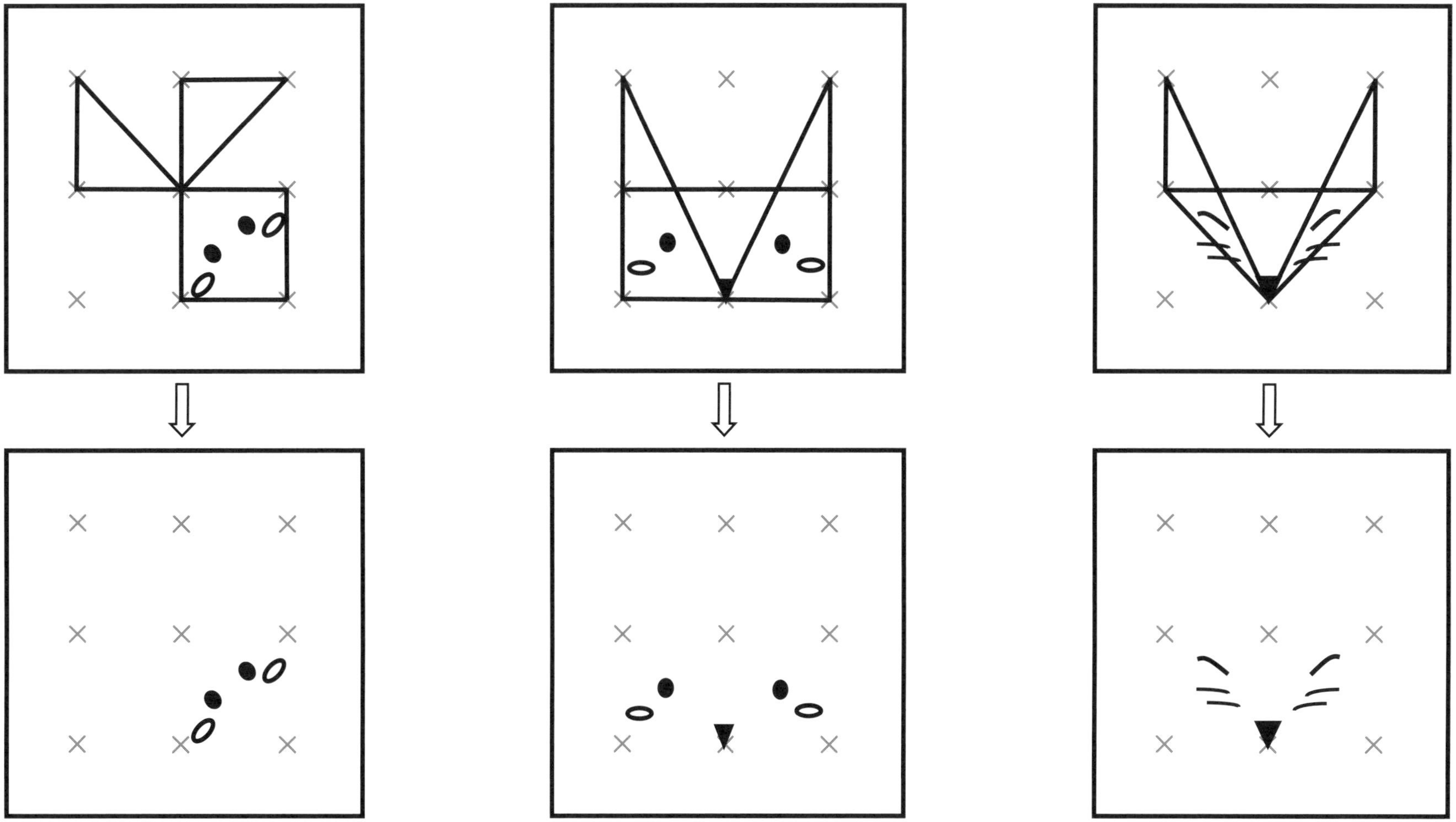

宮口幸治：やさしいコグトレ―認知機能強化トレーニング．三輪書店、2018 より

コグトレ

点《てん》つなぎ ① - 25

年《ねん》　月《がつ》　日《にち》　名前《なまえ》(　　　　　　　　)

上《うえ》の絵《え》と同《おな》じように × をつないで下《した》に写《うつ》しましょう。

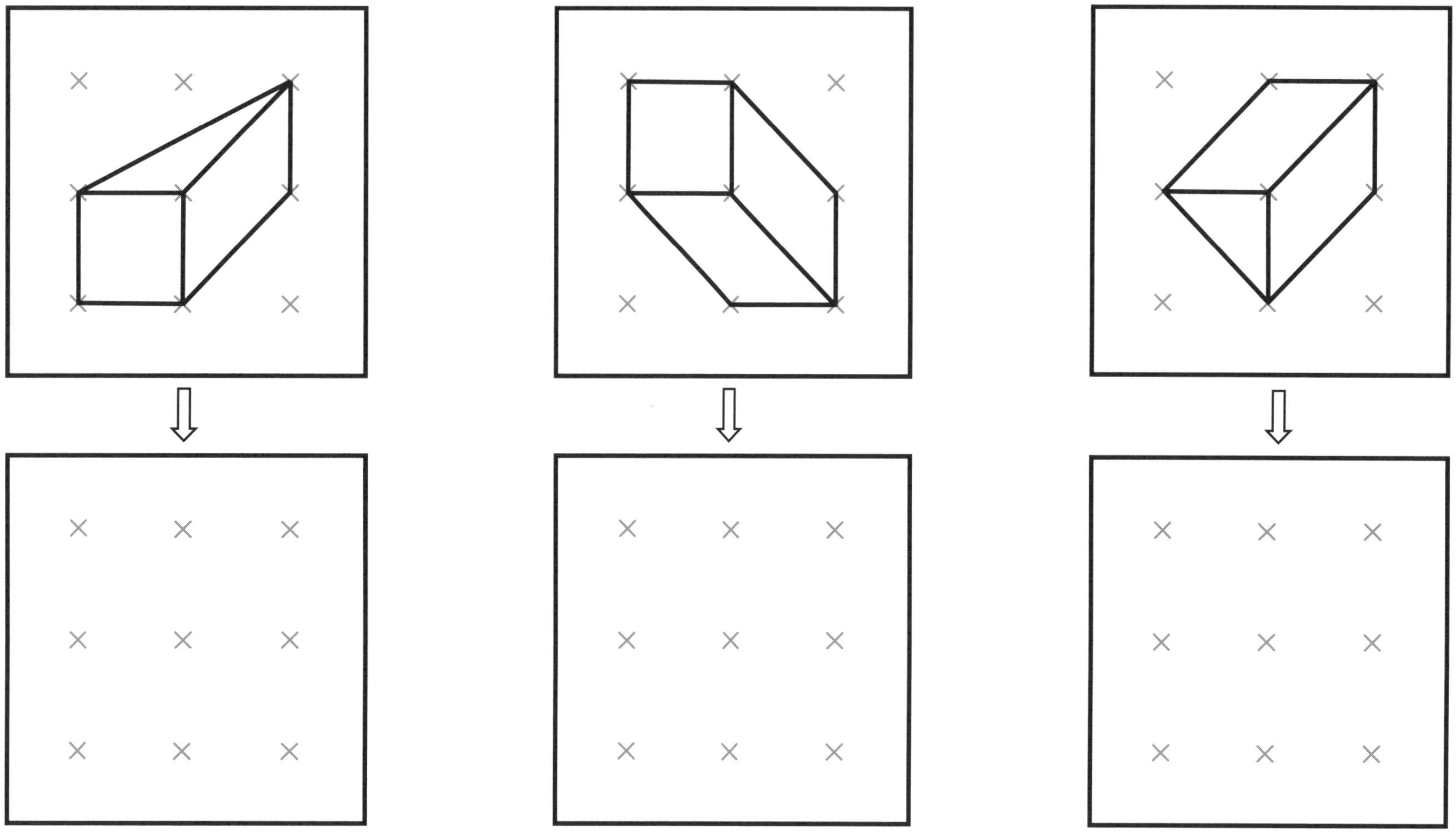

宮口幸治：やさしいコグトレ—認知機能強化トレーニング．三輪書店、2018 より

点《てん》つなぎ ① - 26

年《ねん》　月《がつ》　日《にち》　名前《なまえ》（　　　　　　　　）

上《うえ》の絵《え》と同《おな》じように × をつないで下《した》に写《うつ》しましょう。

宮口幸治：やさしいコグトレ—認知機能強化トレーニング．三輪書店、2018 より

点《てん》つなぎ　① - 27

年《ねん》　月《がつ》　日《にち》　名前《なまえ》（　　　　　　　　）

上《うえ》の絵《え》と同《おな》じように × をつないで下《した》に写《うつ》しましょう。

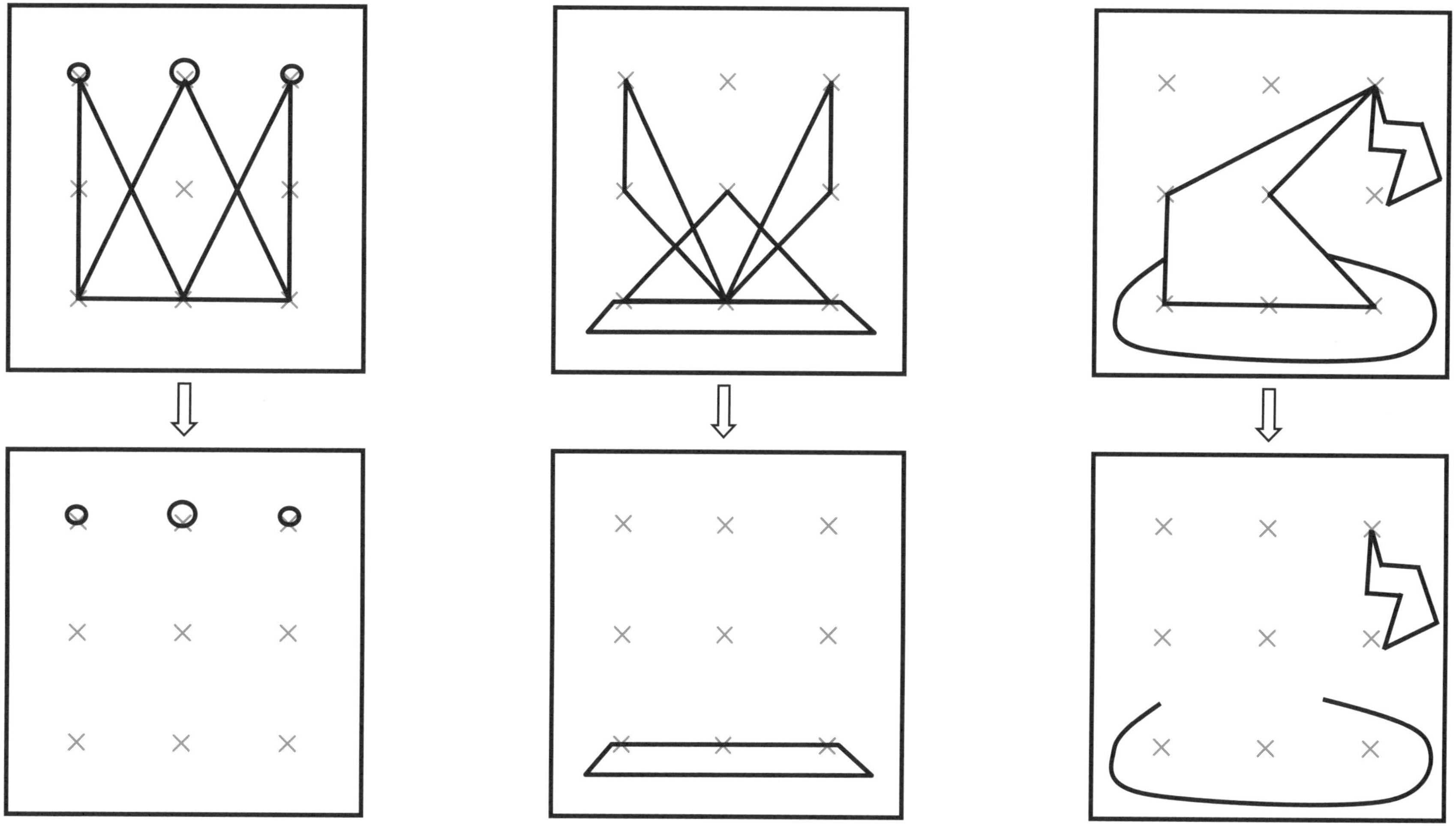

宮口幸治：やさしいコグトレ—認知機能強化トレーニング．三輪書店、2018 より

点《てん》つなぎ　① - 28

年《ねん》　月《がつ》　日《にち》　名前《なまえ》（　　　　　　　　　　）

上《うえ》の絵《え》と同《おな》じように × をつないで下《した》に写《うつ》しましょう。

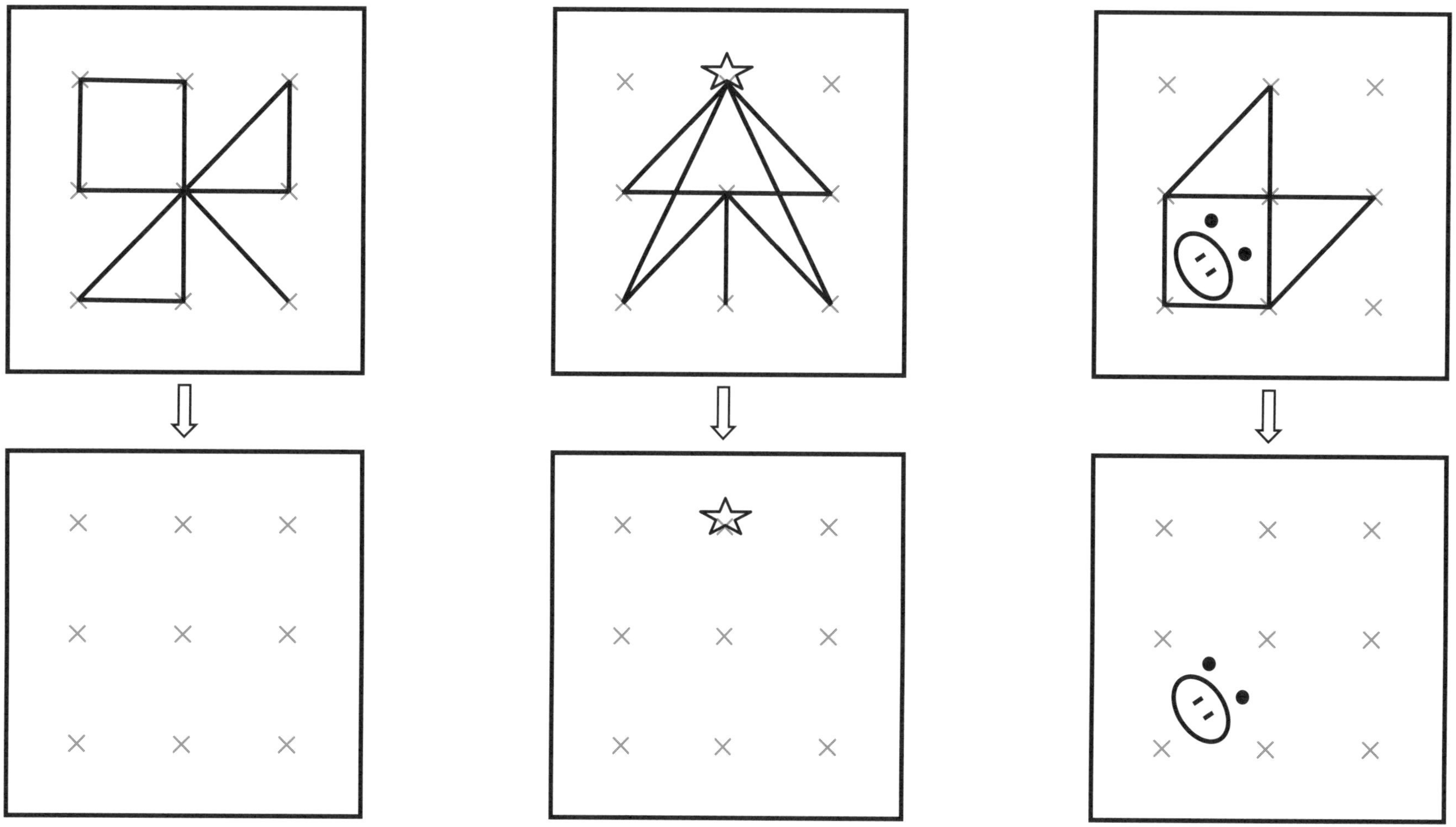

宮口幸治：やさしいコグトレ―認知機能強化トレーニング．三輪書店、2018 より

コグトレ

点《てん》つなぎ ① - 29

年《ねん》　月《がつ》　日《にち》　名前《なまえ》(　　　　　)

上《うえ》の絵《え》と同《おな》じように × をつないで下《した》に写《うつ》しましょう。

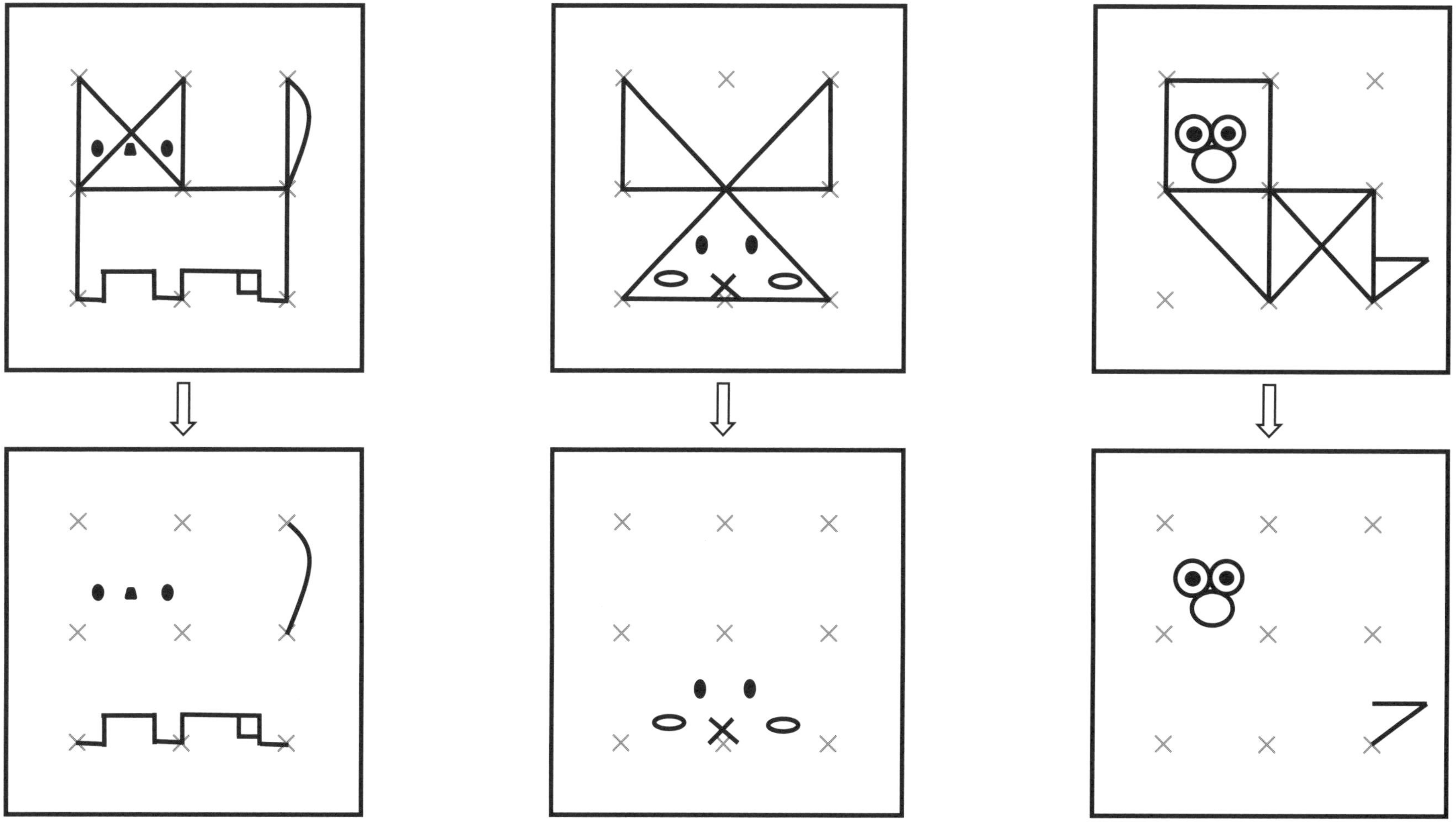

宮口幸治：やさしいコグトレ―認知機能強化トレーニング．三輪書店、2018 より

点《てん》つなぎ　①－30

年《ねん》　月《がつ》　日《にち》　名前《なまえ》（　　　　　　　　　）

上《うえ》の絵《え》と同《おな》じように × をつないで下《した》に写《うつ》しましょう。

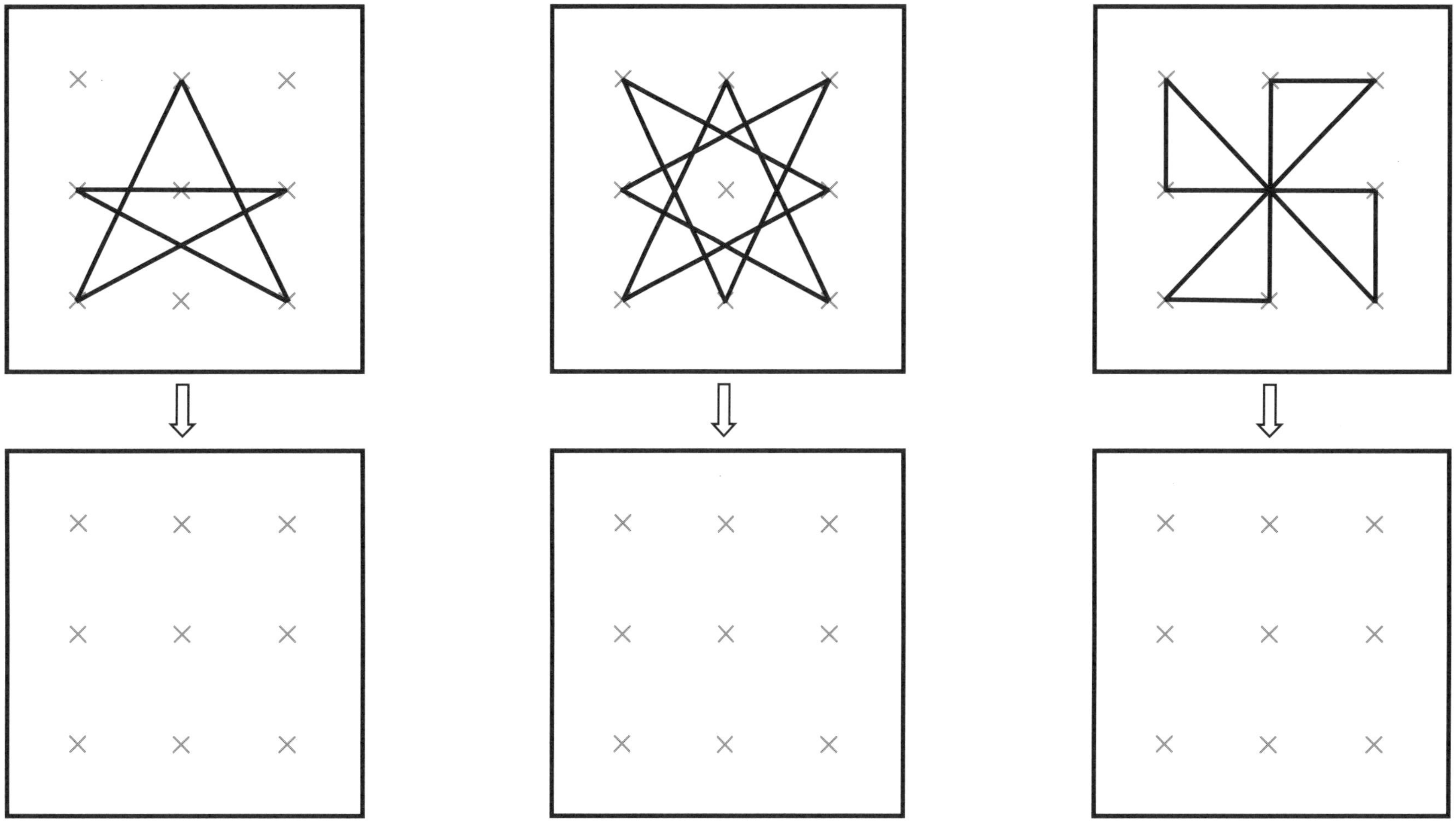

宮口幸治：やさしいコグトレ―認知機能強化トレーニング．三輪書店、2018 より

点《てん》つなぎ ① おまけ

年《ねん》　月《がつ》　日《にち》　名前《なまえ》（　　　　　　　　）

上《うえ》の絵《え》と同《おな》じように × をつないで下《した》に写《うつ》しましょう。

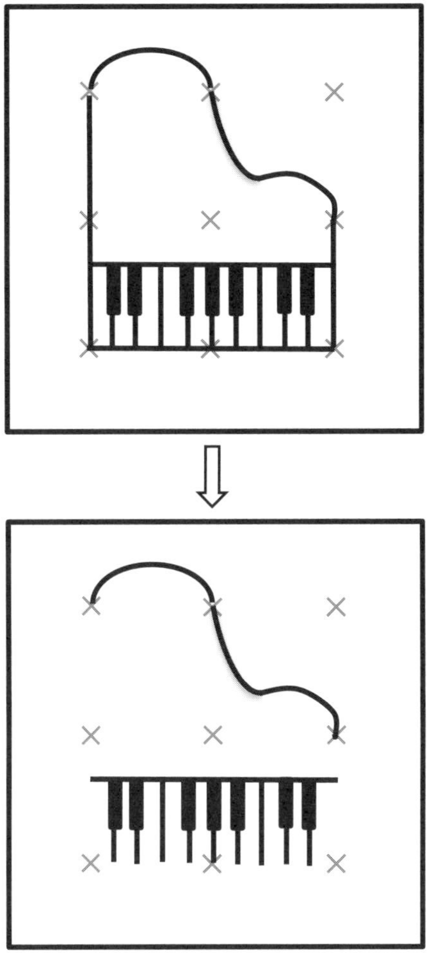

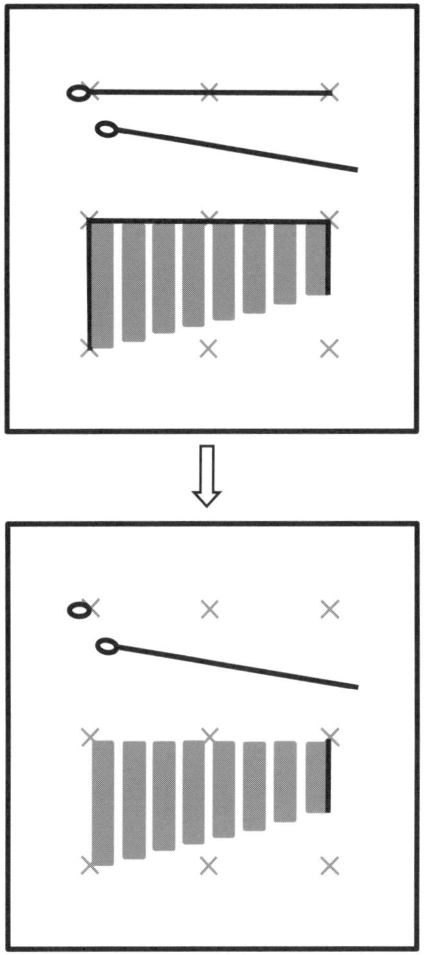

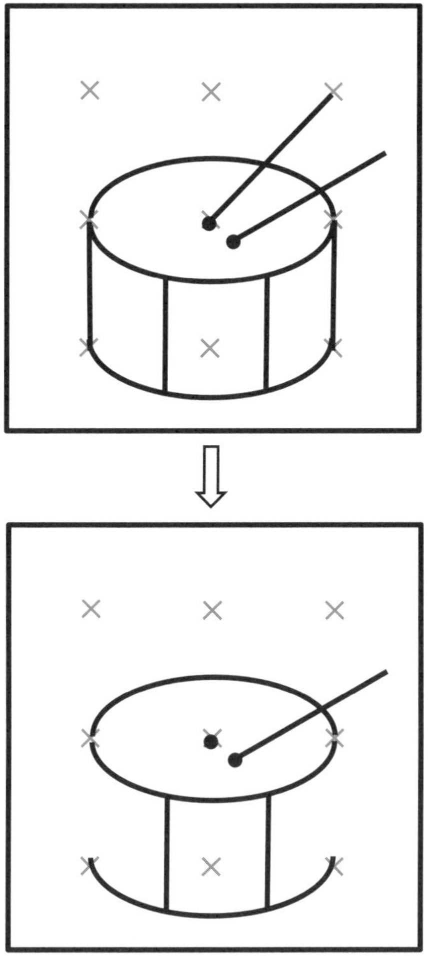

宮口幸治：コグトレドリル やさしいコグトレ―写すⅠ．三輪書店、2021

ゆれる点《てん》つなぎ　－１

年《ねん》　月《がつ》　日《にち》　名前《なまえ》（　　　　　　　　）

上《うえ》と同《おな》じ絵《え》になるように、下《した》の四角《しかく》の中《なか》の×をつなぎましょう。

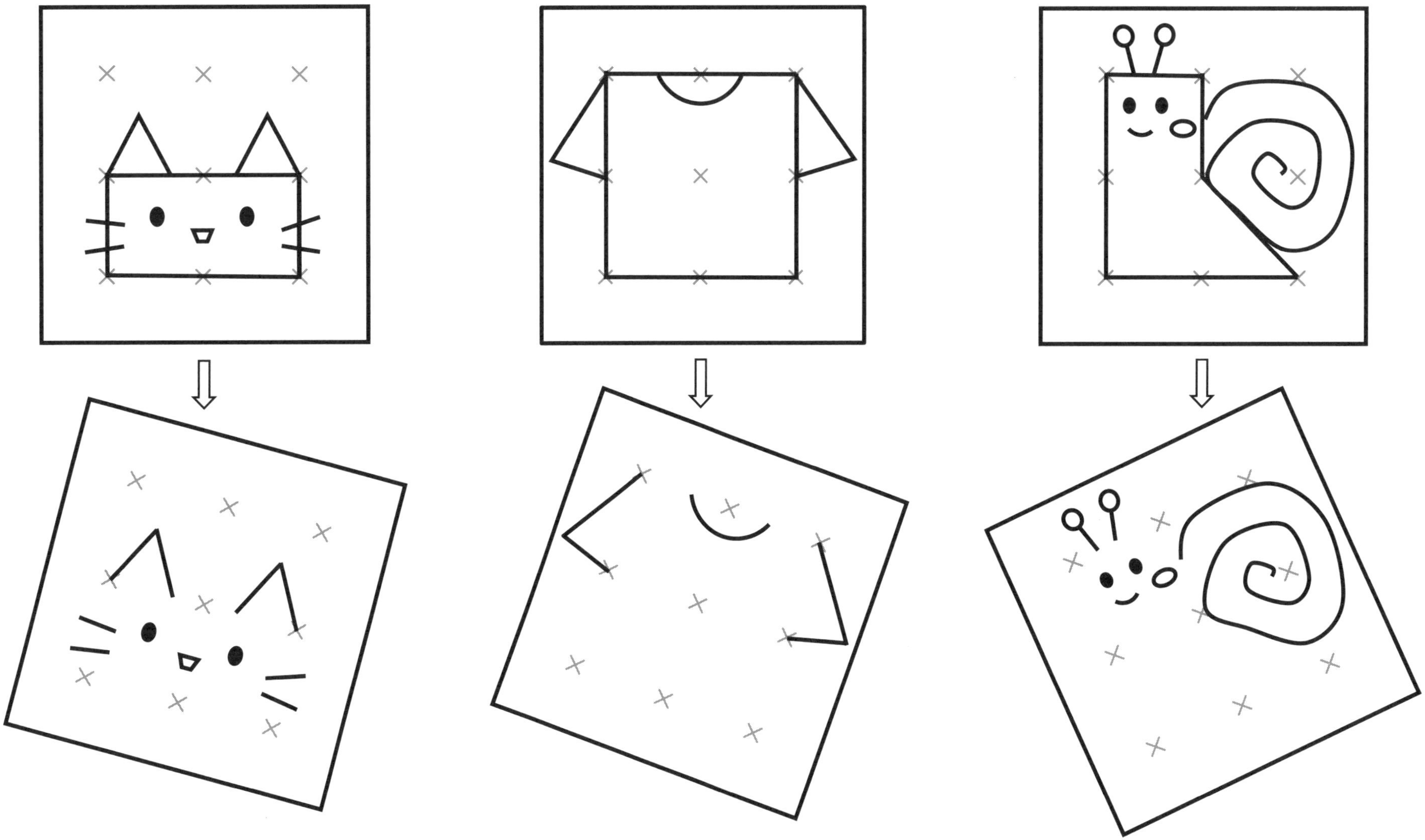

宮口幸治：やさしいコグトレ―認知機能強化トレーニング．三輪書店、2018 より

ゆれる点《てん》つなぎ　-2

年《ねん》　　月《がつ》　　日《にち》　名前《なまえ》（　　　　　　　　）

上《うえ》と同《おな》じ絵《え》になるように、下《した》の四角《しかく》の中《なか》の×をつなぎましょう。

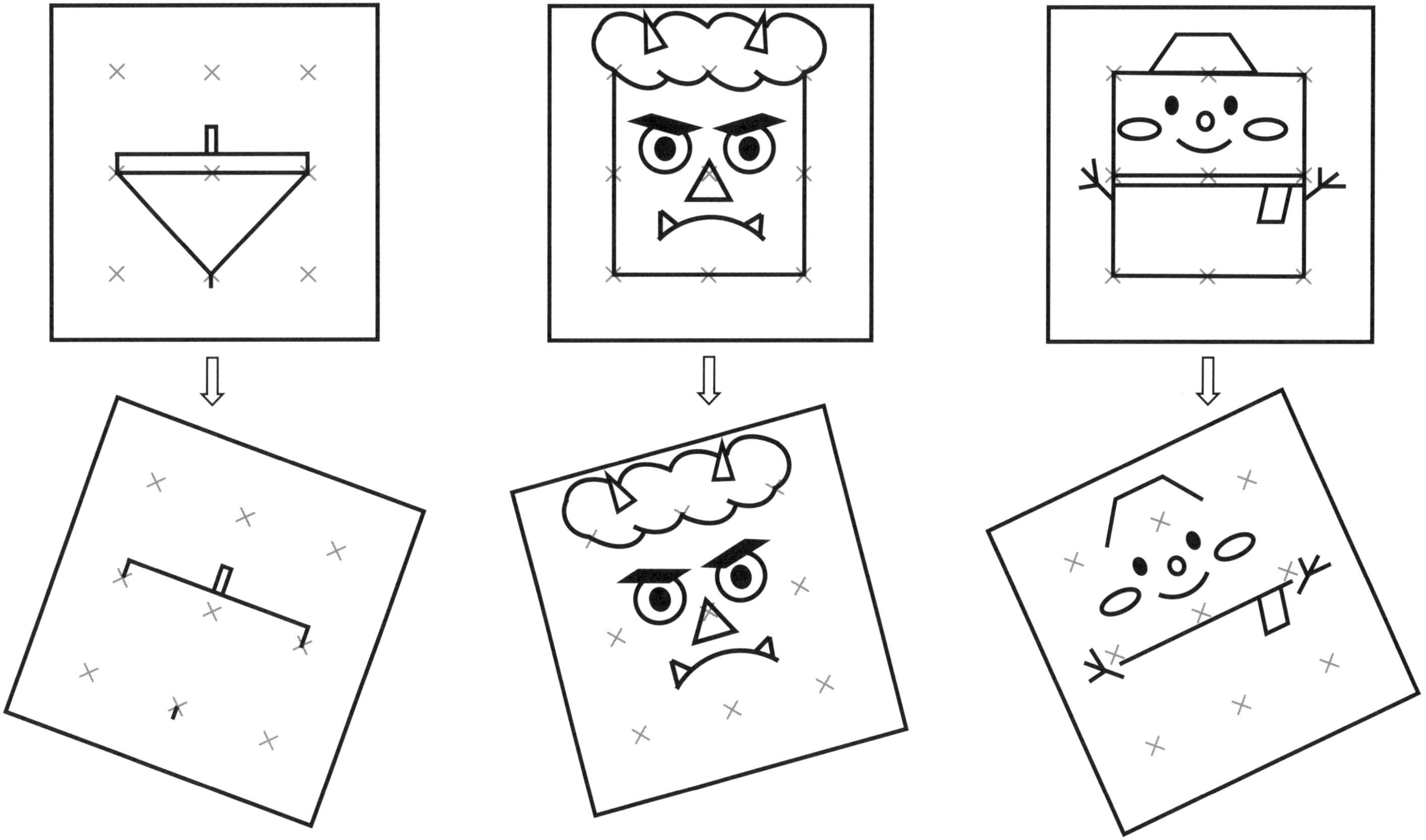

宮口幸治：やさしいコグトレ―認知機能強化トレーニング．三輪書店、2018 より

ゆれる点《てん》つなぎ　- 3

年《ねん》　月《がつ》　日《にち》 名前《なまえ》（　　　　　　）

上《うえ》と同《おな》じ絵《え》になるように、下《した》の四角《しかく》の中《なか》の×をつなぎましょう。

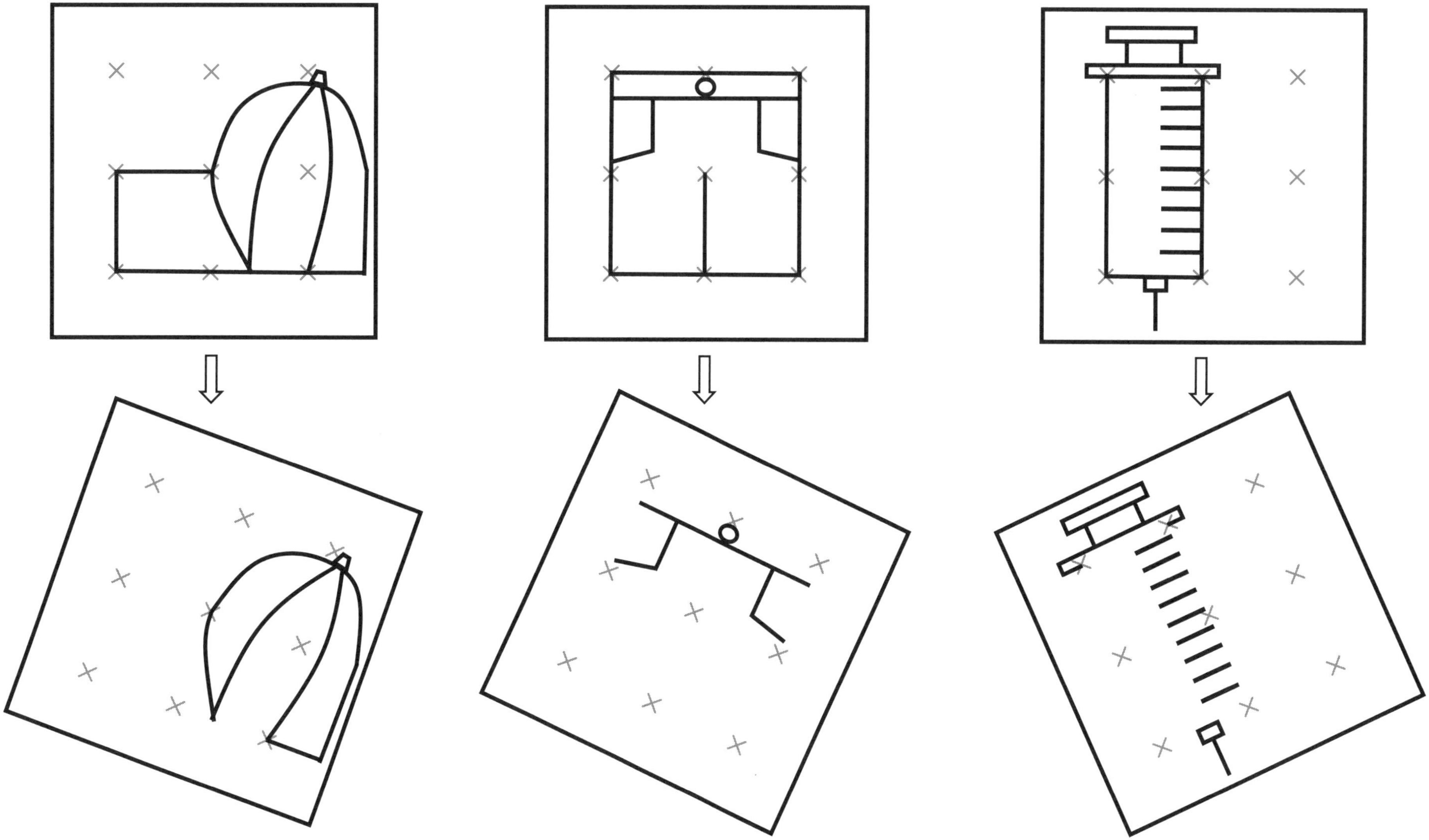

宮口幸治：やさしいコグトレ—認知機能強化トレーニング．三輪書店、2018 より

ゆれる点《てん》つなぎ　- 4

年《ねん》　月《がつ》　日《にち》　名前《なまえ》（　　　　　　　　）

上《うえ》と同《おな》じ絵《え》になるように、下《した》の四角《しかく》の中《なか》の×をつなぎましょう。

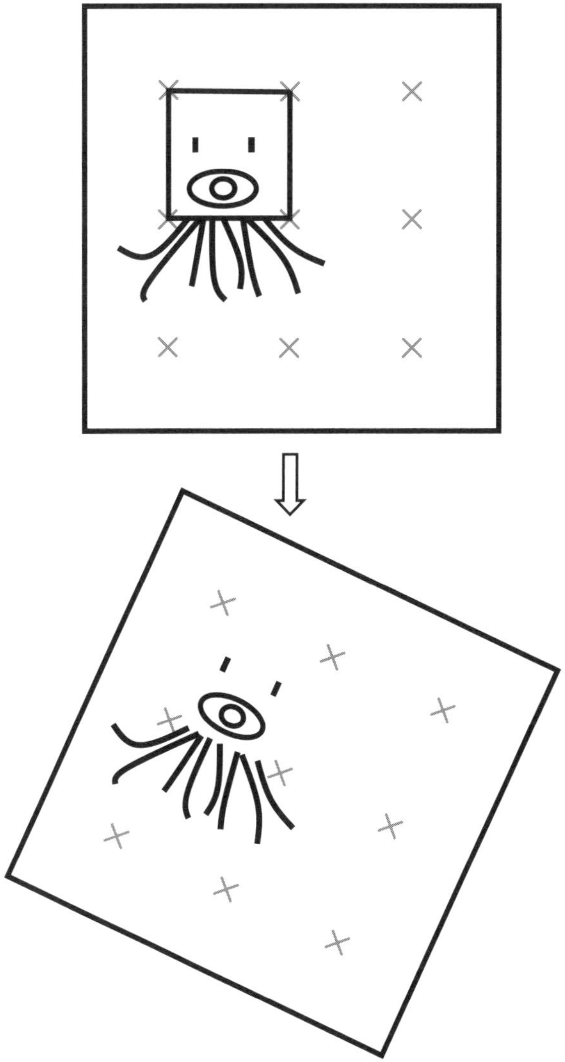

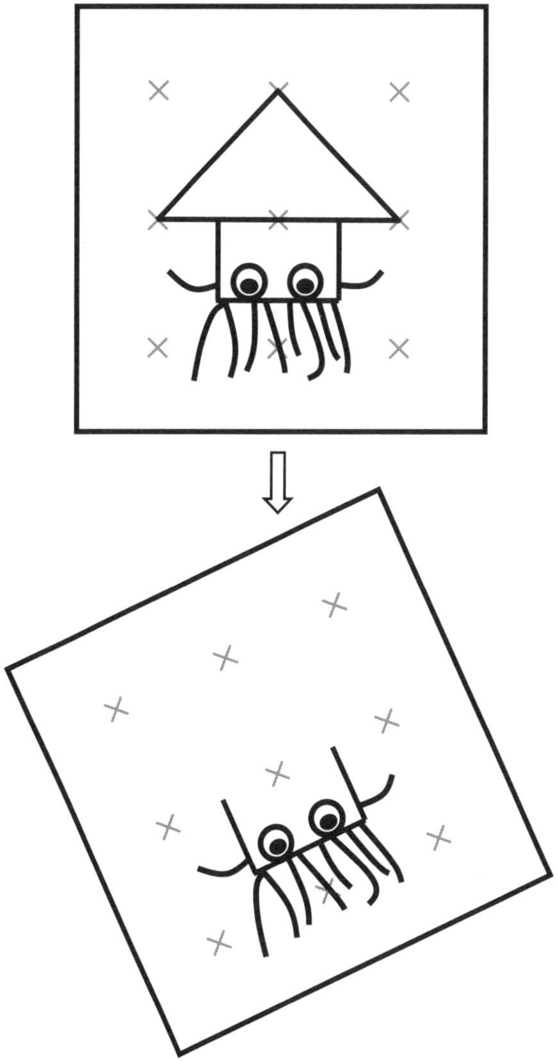

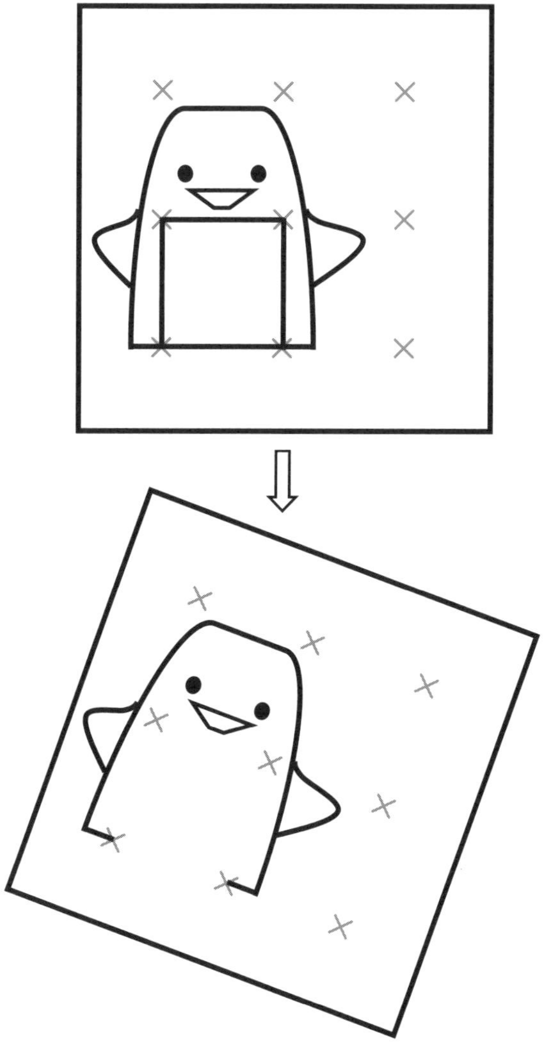

宮口幸治：やさしいコグトレ―認知機能強化トレーニング．三輪書店、2018 より

ゆれる点《てん》つなぎ　-5

年《ねん》　月《がつ》　日《にち》　名前《なまえ》（　　　　　　）

上《うえ》と同《おな》じ絵《え》になるように、下《した》の四角《しかく》の中《なか》の×をつなぎましょう。

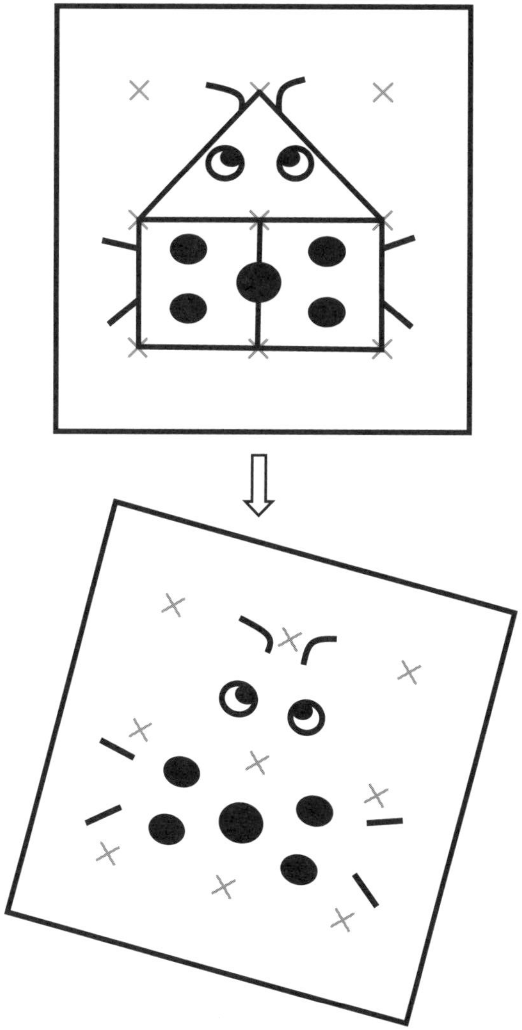

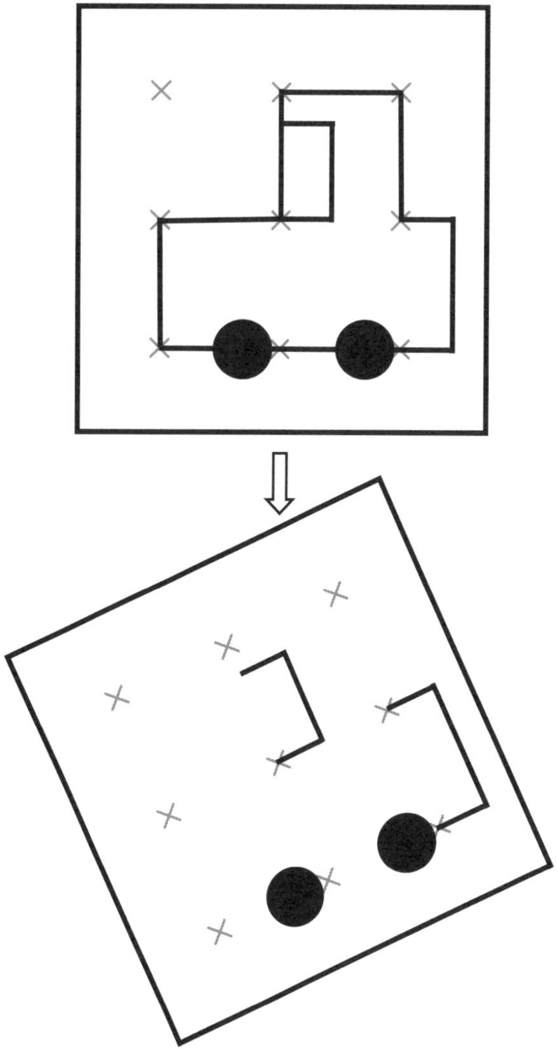

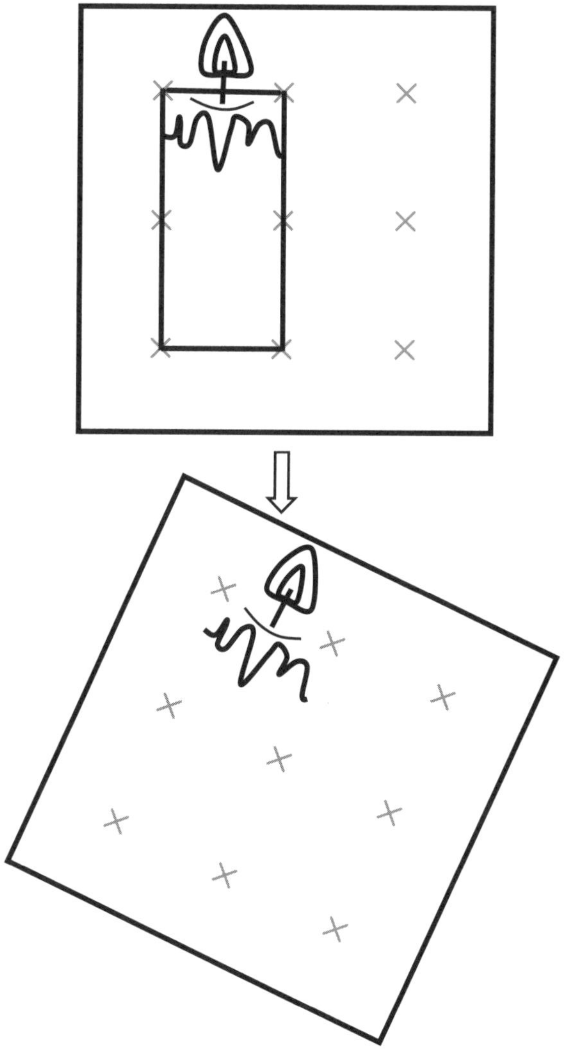

宮口幸治：やさしいコグトレ―認知機能強化トレーニング．三輪書店、2018 より

ゆれる点《てん》つなぎ －6

年《ねん》　月《がつ》　日《にち》　名前《なまえ》（　　　　　　）

上《うえ》と同《おな》じ絵《え》になるように、下《した》の四角《しかく》の中《なか》の×をつなぎましょう。

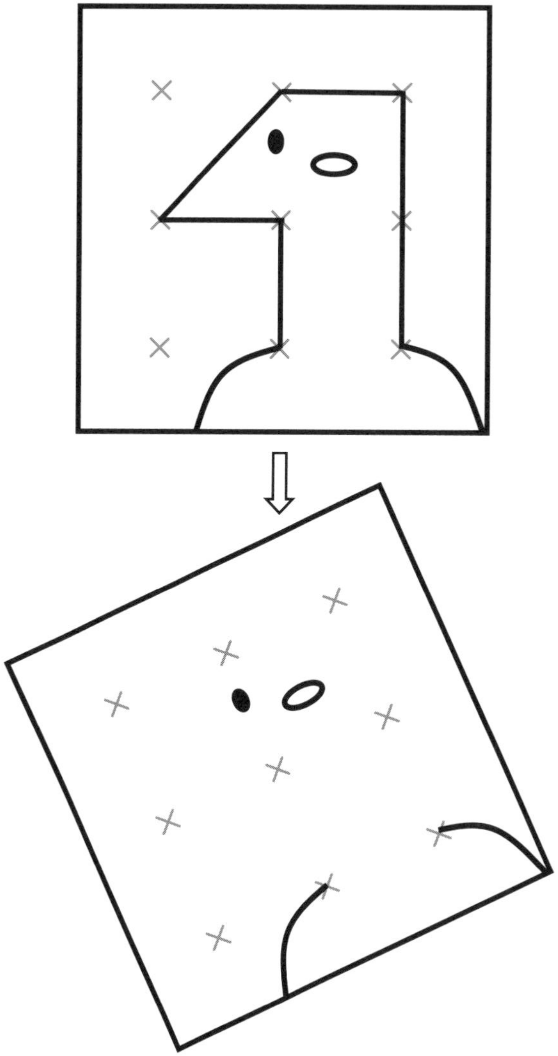

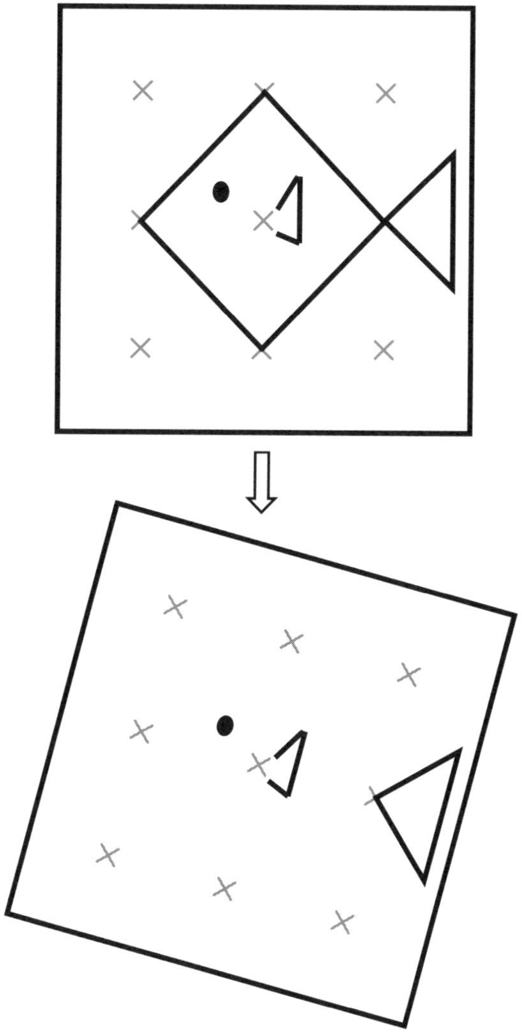

宮口幸治：やさしいコグトレ―認知機能強化トレーニング．三輪書店、2018 より

ゆれる点《てん》つなぎ　－７

年《ねん》　　月《がつ》　　日《にち》　名前《なまえ》（　　　　　　　　）

上《うえ》と同《おな》じ絵《え》になるように、下《した》の四角《しかく》の中《なか》の×をつなぎましょう。

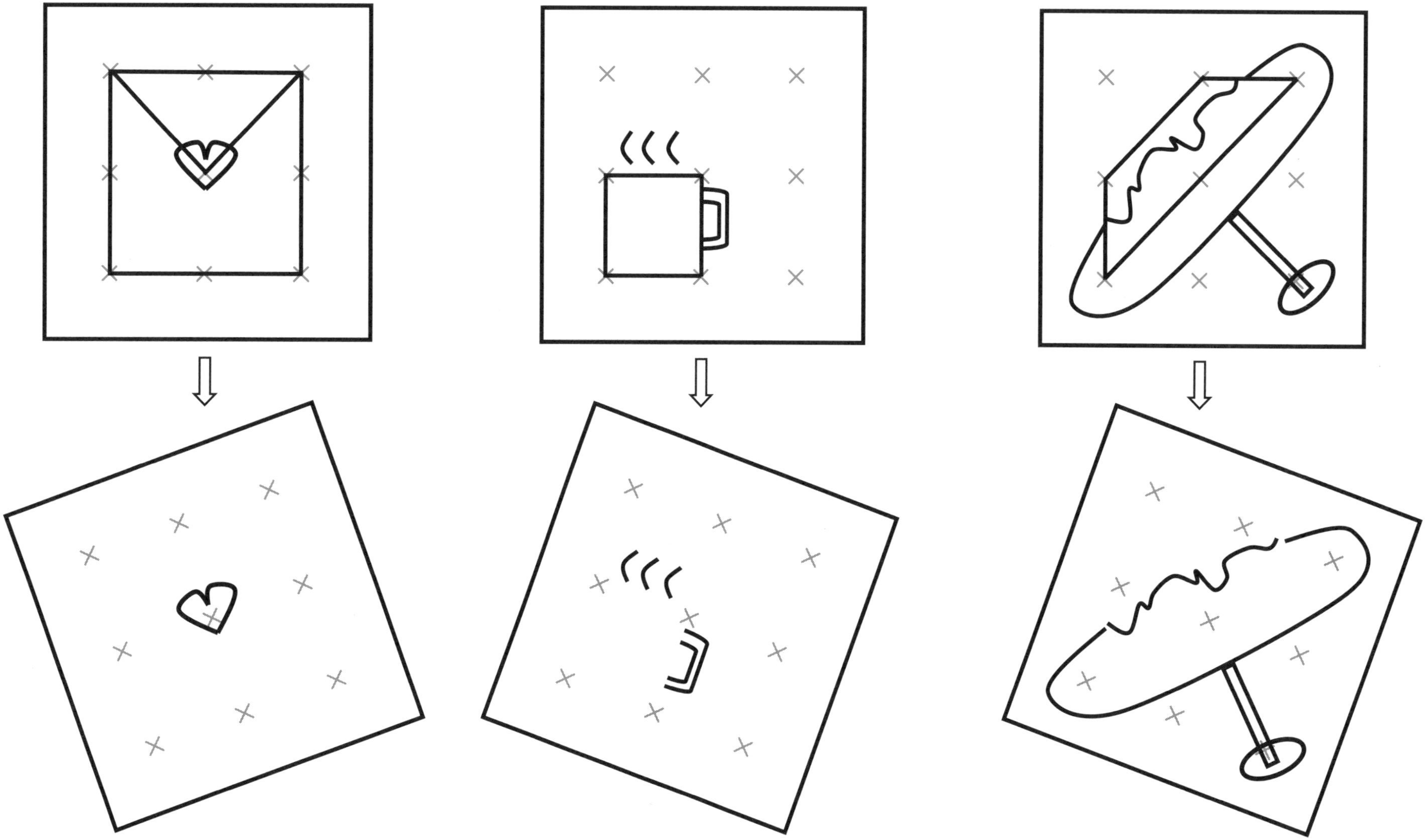

宮口幸治：やさしいコグトレ―認知機能強化トレーニング．三輪書店、2018 より

ゆれる点《てん》つなぎ －8

年《ねん》　月《がつ》　日《にち》　名前《なまえ》（　　　　　　　　）

上《うえ》と同《おな》じ絵《え》になるように、下《した》の四角《しかく》の中《なか》の×をつなぎましょう。

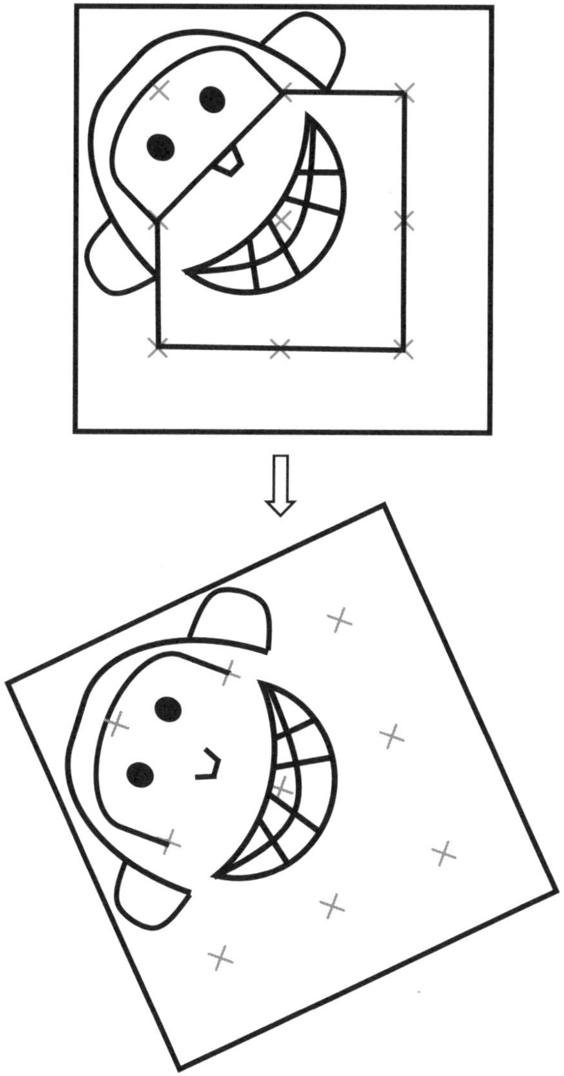

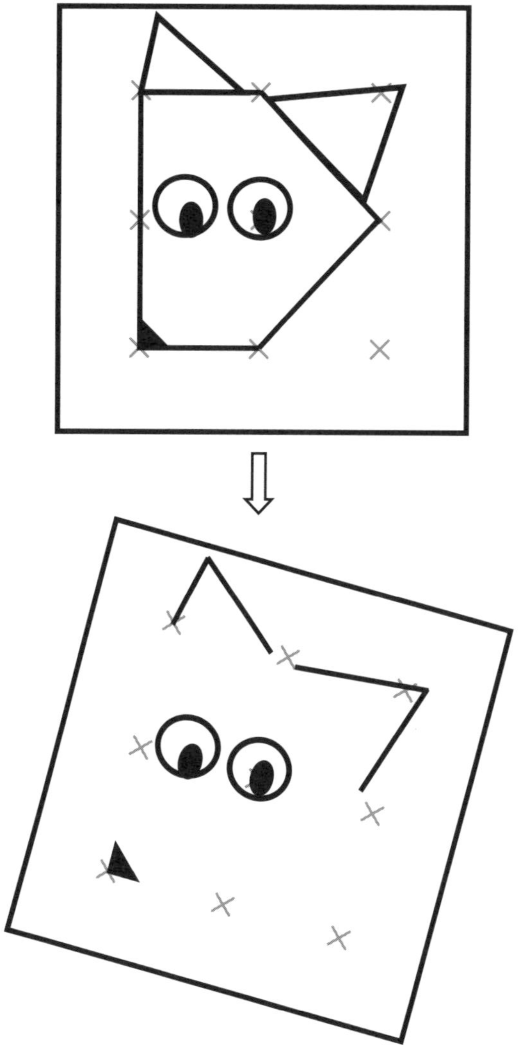

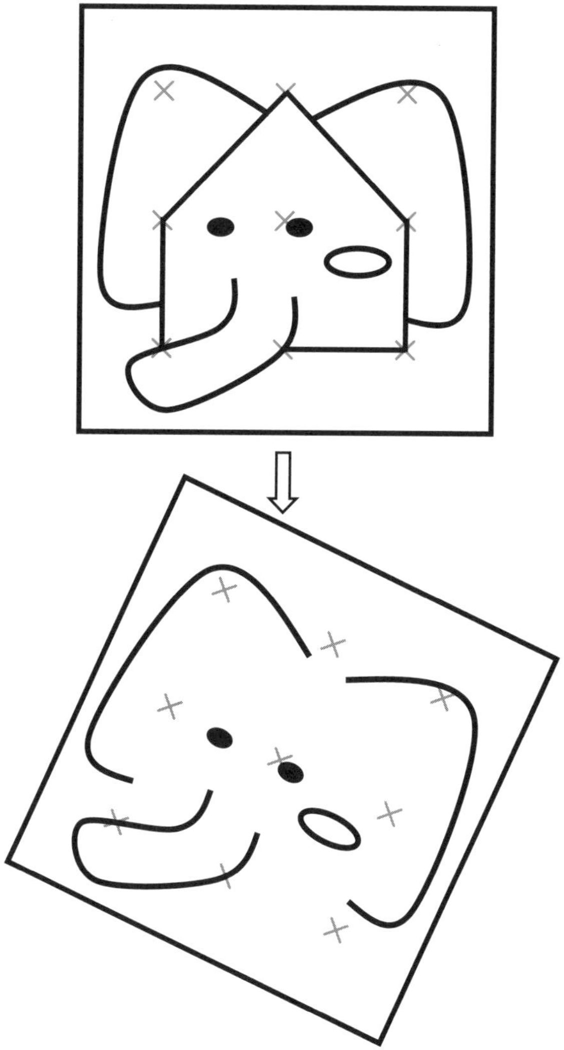

宮口幸治：やさしいコグトレ―認知機能強化トレーニング．三輪書店、2018より

ゆれる点《てん》つなぎ　- 9

年《ねん》　　月《がつ》　　日《にち》　名前《なまえ》（　　　　　　　　　　）

上《うえ》と同《おな》じ絵《え》になるように、下《した》の四角《しかく》の中《なか》の×をつなぎましょう。

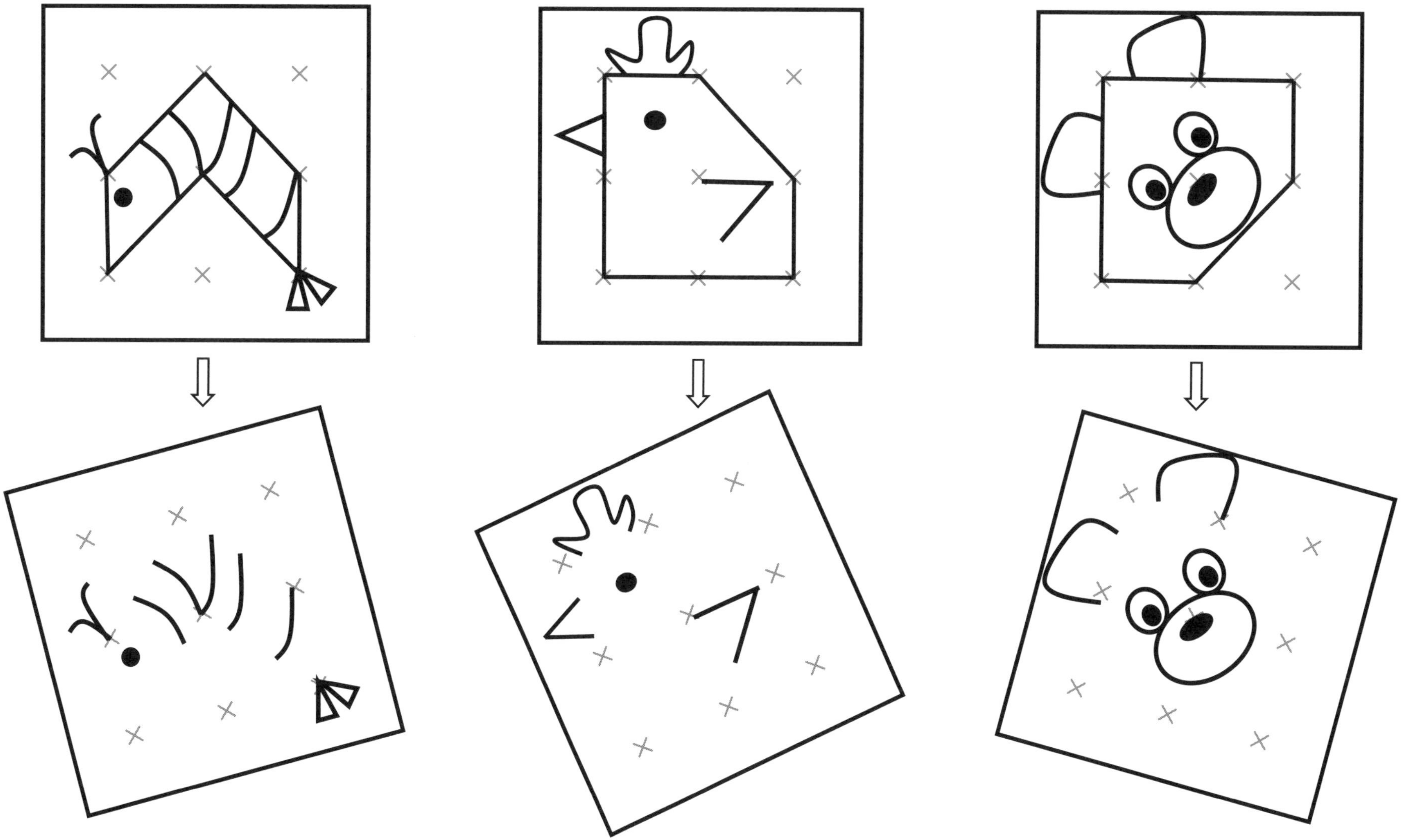

宮口幸治：やさしいコグトレ―認知機能強化トレーニング．三輪書店、2018 より

ゆれる点《てん》つなぎ　- 10

年《ねん》　月《がつ》　日《にち》　名前《なまえ》(　　　　　　　　)

上《うえ》と同《おな》じ絵《え》になるように、下《した》の四角《しかく》の中《なか》の×をつなぎましょう。

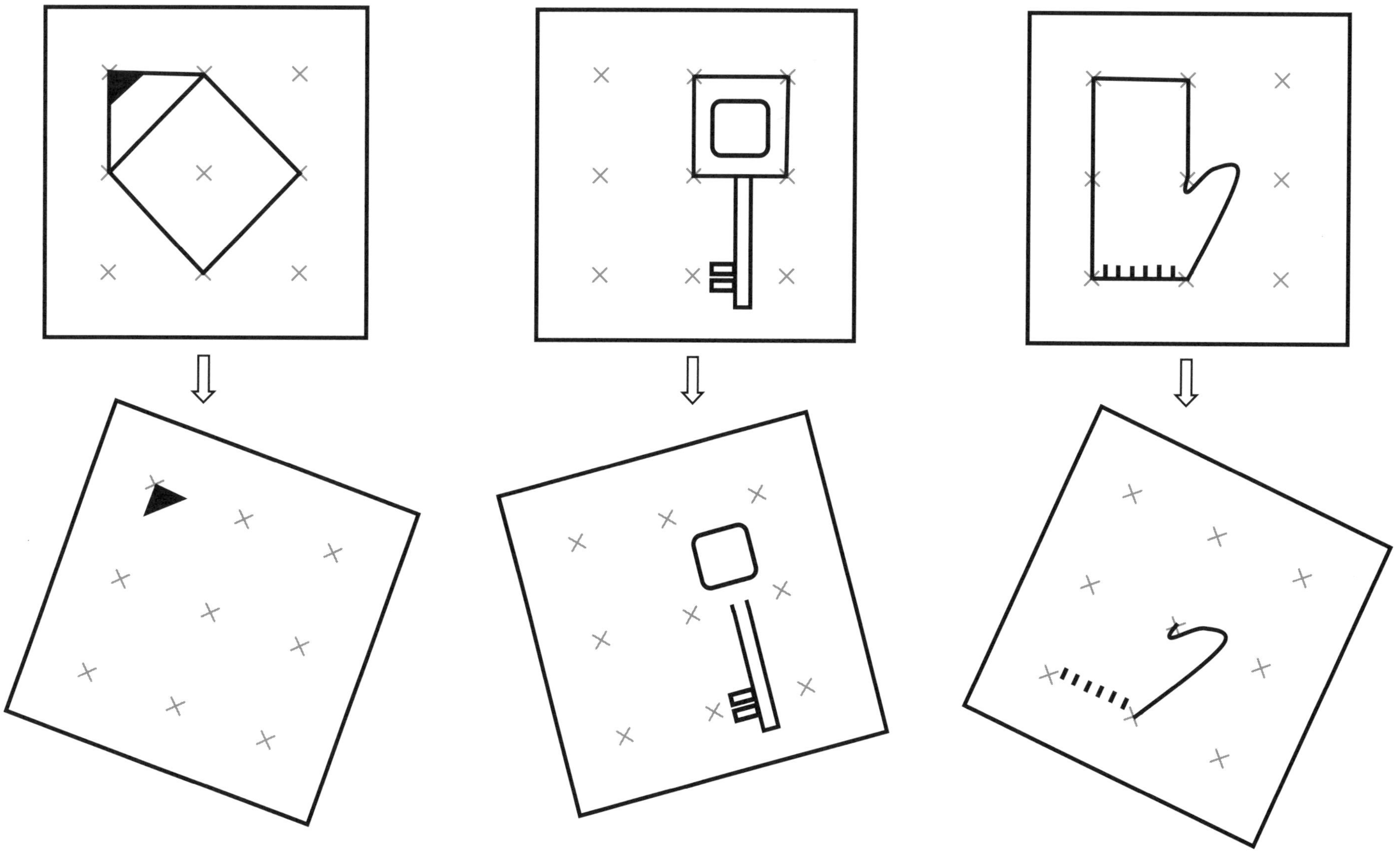

宮口幸治：やさしいコグトレ―認知機能強化トレーニング．三輪書店、2018 より

ゆれる点《てん》つなぎ　おまけ１

年《ねん》　月《がつ》　日《にち》　名前《なまえ》（　　　　　　）

上《うえ》と同《おな》じになるように × をつないで下《した》に写《うつ》しましょう。

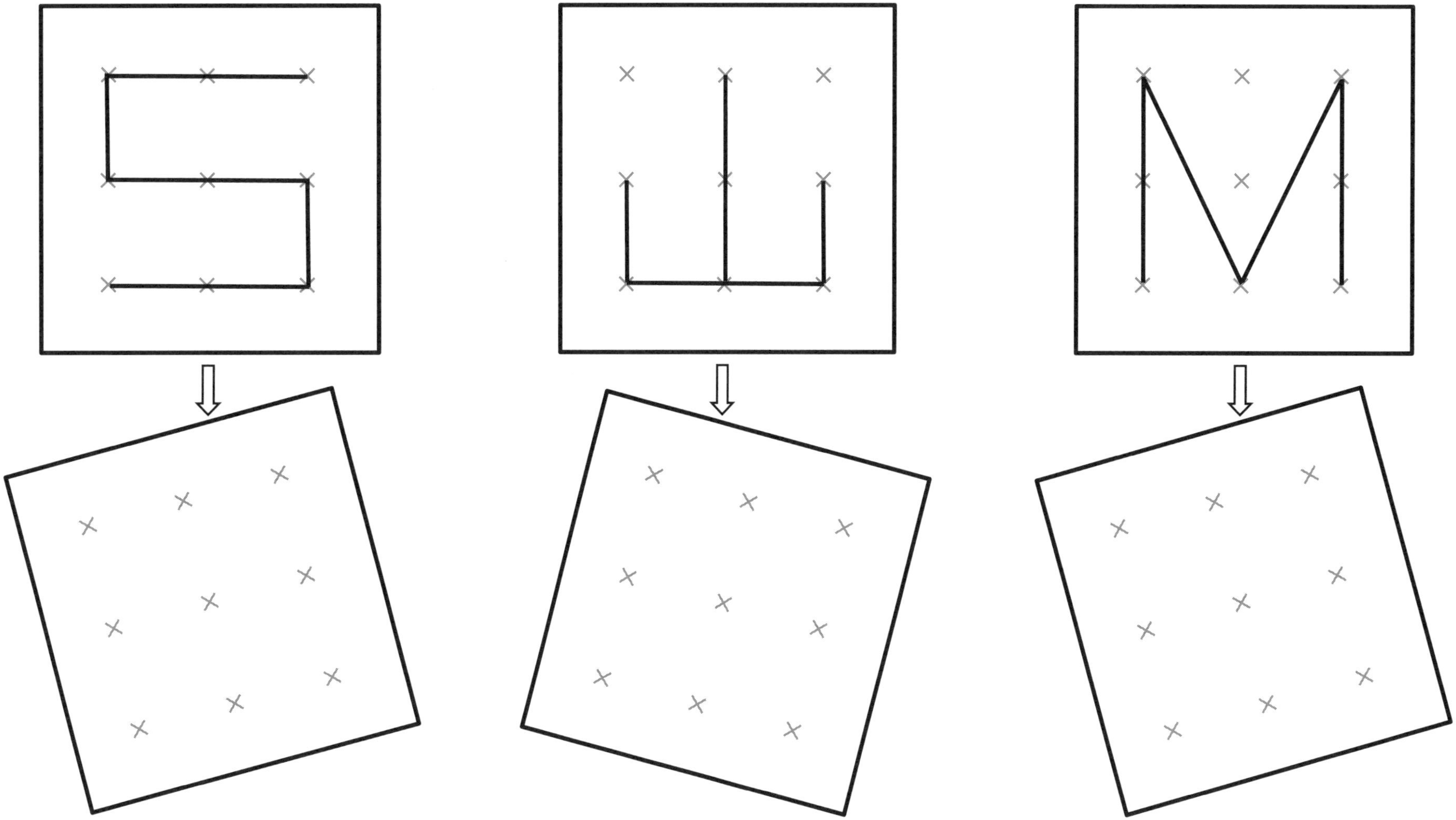

コグトレドリル やさしいコグトレ―写すⅠ

こたえ

＊「点つなぎ」の解答シート（こたえ）はございません

ゆれる点つなぎ

ゆれる点《てん》つなぎ －1

年《ねん》　月《がつ》　日《にち》　名前《なまえ》（　　　　　　　　）

上《うえ》と同《おな》じ絵《え》になるように、下《した》の四角《しかく》の中《なか》の×をつなぎましょう。

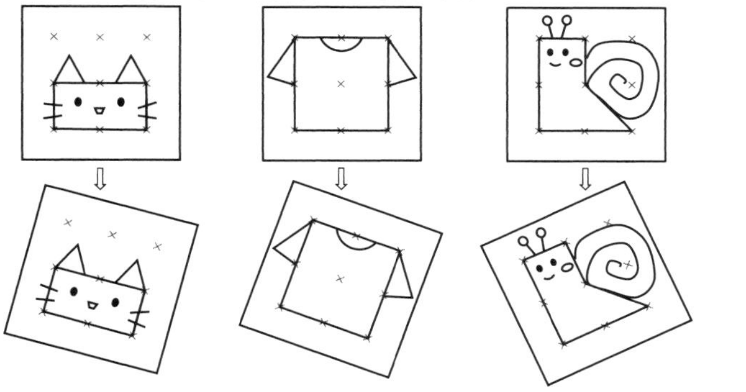

ゆれる点《てん》つなぎ －2

年《ねん》　月《がつ》　日《にち》　名前《なまえ》（　　　　　　　　）

上《うえ》と同《おな》じ絵《え》になるように、下《した》の四角《しかく》の中《なか》の×をつなぎましょう。

ゆれる点《てん》つなぎ －3

年《ねん》　月《がつ》　日《にち》　名前《なまえ》（　　　　　　　　）

上《うえ》と同《おな》じ絵《え》になるように、下《した》の四角《しかく》の中《なか》の×をつなぎましょう。

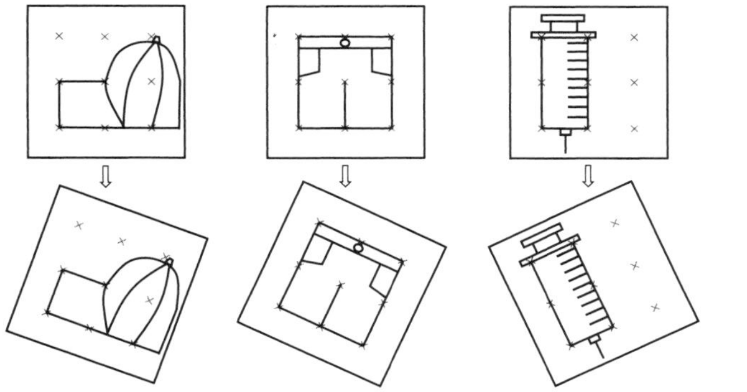

ゆれる点《てん》つなぎ －4

年《ねん》　月《がつ》　日《にち》　名前《なまえ》（　　　　　　　　）

上《うえ》と同《おな》じ絵《え》になるように、下《した》の四角《しかく》の中《なか》の×をつなぎましょう。

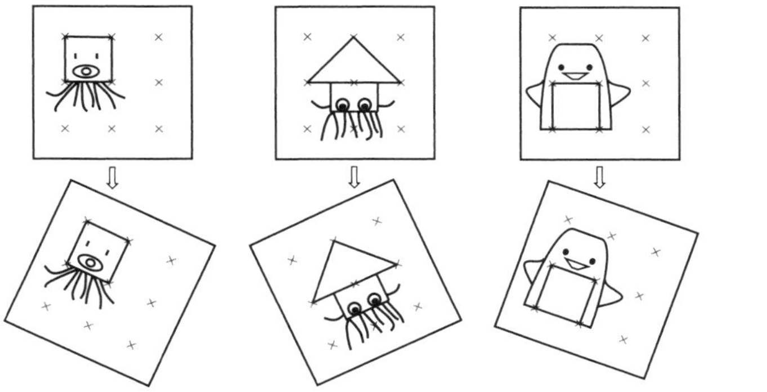

ゆれる点《てん》つなぎ －5

年《ねん》　月《がつ》　日《にち》　名前《なまえ》（　　　　　　　　）

上《うえ》と同《おな》じ絵《え》になるように、下《した》の四角《しかく》の中《なか》の×をつなぎましょう。

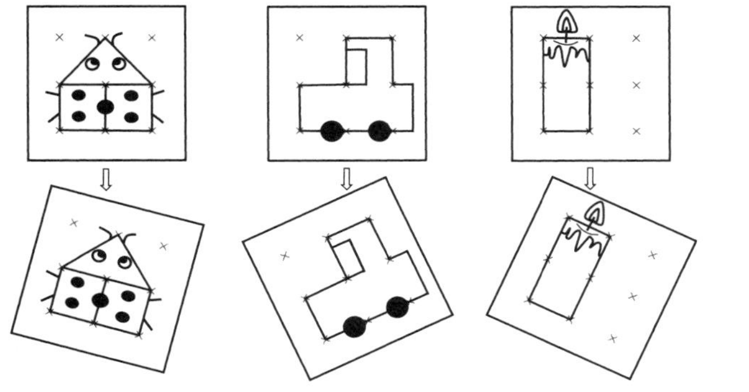

ゆれる点《てん》つなぎ －6

年《ねん》　月《がつ》　日《にち》　名前《なまえ》（　　　　　　　　）

上《うえ》と同《おな》じ絵《え》になるように、下《した》の四角《しかく》の中《なか》の×をつなぎましょう。

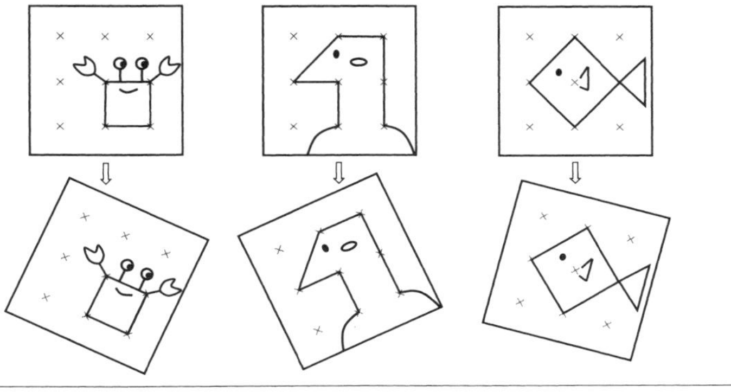

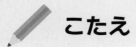

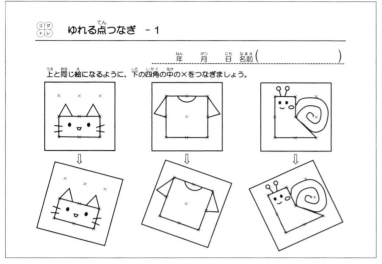

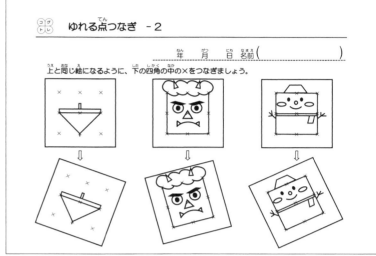

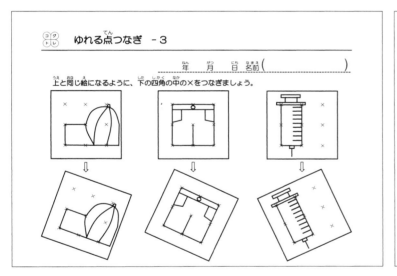

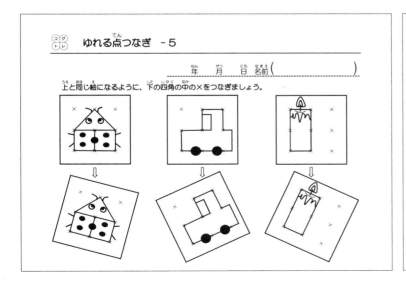

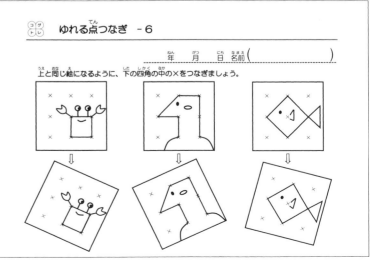

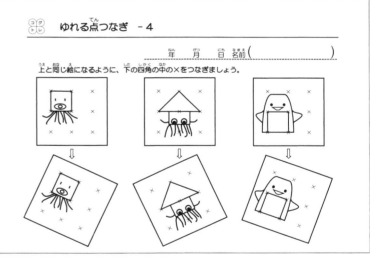

ゆれる点《てん》つなぎ　- 7

年《ねん》　　月《がつ》　　日《にち》　名前《なまえ》（　　　　　　　　　　）

上《うえ》と同《おな》じ絵《え》になるように、下《した》の四角《しかく》の中《なか》の×をつなぎましょう。

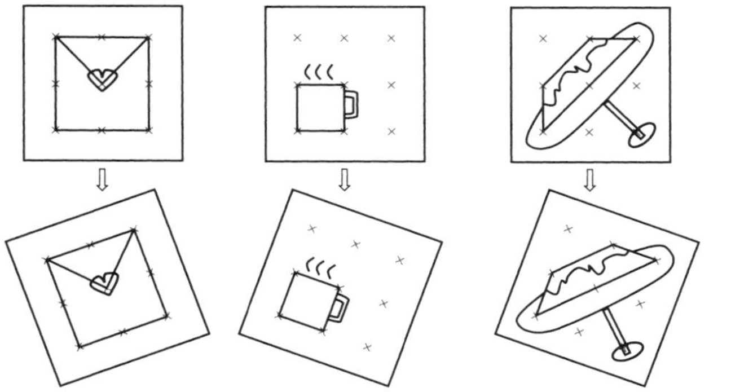

ゆれる点《てん》つなぎ　- 8

年《ねん》　　月《がつ》　　日《にち》　名前《なまえ》（　　　　　　　　　　）

上《うえ》と同《おな》じ絵《え》になるように、下《した》の四角《しかく》の中《なか》の×をつなぎましょう。

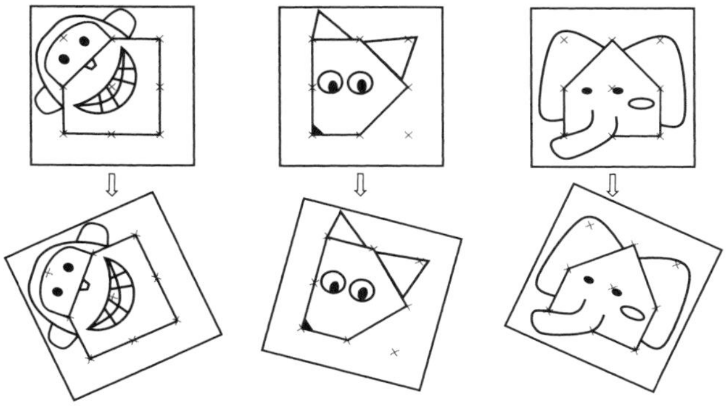

ゆれる点《てん》つなぎ　- 9

年《ねん》　　月《がつ》　　日《にち》　名前《なまえ》（　　　　　　　　　　）

上《うえ》と同《おな》じ絵《え》になるように、下《した》の四角《しかく》の中《なか》の×をつなぎましょう。

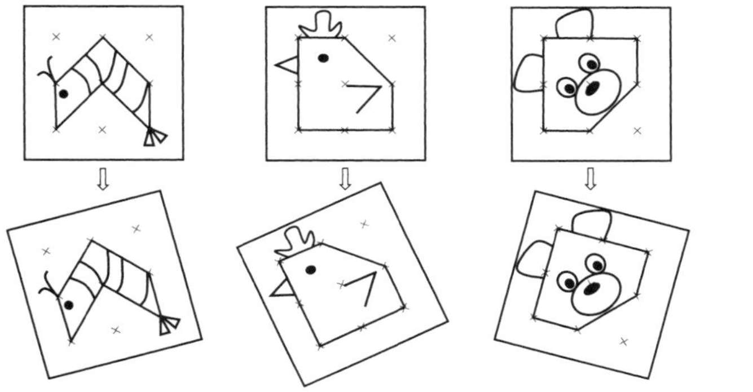

ゆれる点《てん》つなぎ　- 10

年《ねん》　　月《がつ》　　日《にち》　名前《なまえ》（　　　　　　　　　　）

上《うえ》と同《おな》じ絵《え》になるように、下《した》の四角《しかく》の中《なか》の×をつなぎましょう。

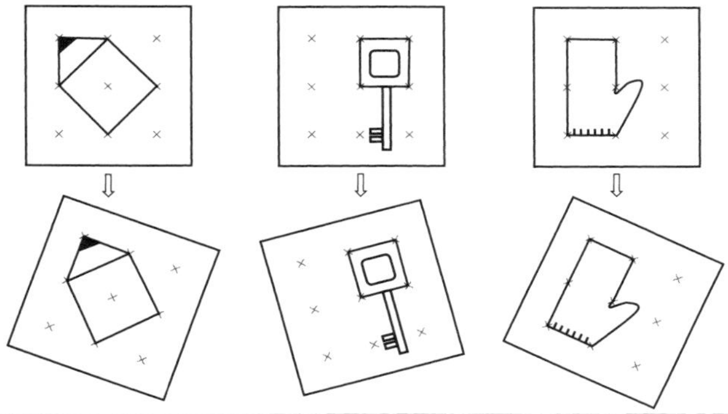

ゆれる点《てん》つなぎ　おまけ1

年《ねん》　　月《がつ》　　日《にち》　名前《なまえ》（　　　　　　　　　　）

上《うえ》と同《おな》じになるように × をつないで下《した》に写《うつ》しましょう。

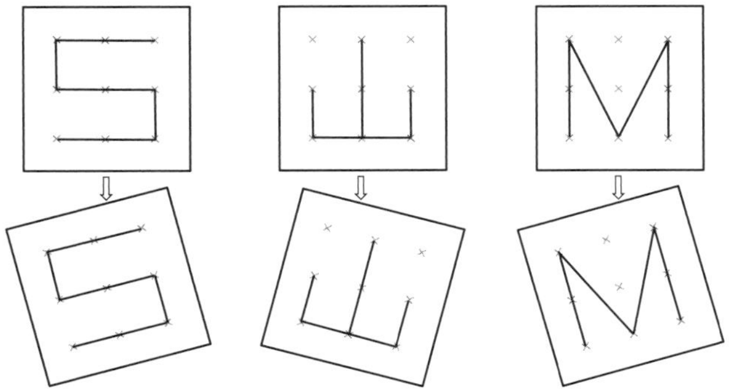

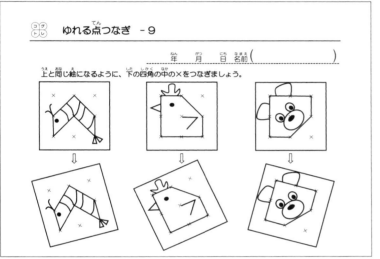

コグトレ

記号《きごう》さがし　①－1

年《ねん》　　月《がつ》　　日《にち》　名前《なまえ》（　　　　　　　　　　）

 の数《かず》を数《かぞ》えながら、 に ✔ をつけましょう。

 は（　　　　　）個《こ》

宮口幸治：やさしいコグトレ―認知機能強化トレーニング．三輪書店、2018 より

コグトレ

記号《きごう》さがし ①-2

年《ねん》　　月《がつ》　　日《にち》　名前《なまえ》(　　　　　　　　　　)

 の数《かず》を数《かぞ》えながら、 に ✔ をつけましょう。

 は (　　　　) 個《こ》

宮口幸治：やさしいコグトレ—認知機能強化トレーニング．三輪書店、2018 より

コグトレ

記号《きごう》さがし　①-3

年《ねん》　　月《がつ》　　日《にち》　名前《なまえ》（　　　　　　　　　　）

 の数《かず》を数《かぞ》えながら、 に ✔ をつけましょう。

 は（　　　　）個《こ》

宮口幸治：やさしいコグトレ―認知機能強化トレーニング．三輪書店、2018 より

コグ
トレ

記号《きごう》さがし　①－4

年《ねん》　　月《がつ》　　日《にち》　名前《なまえ》（　　　　　　　　　　）

 の数《かず》を数《かぞ》えながら、 に  をつけましょう。

 は（　　　　）個《こ》

宮口幸治：やさしいコグトレ―認知機能強化トレーニング．三輪書店、2018 より

記号《きごう》さがし ①-5

年《ねん》　月《がつ》　日《にち》　名前《なまえ》（　　　　　　）

 の数《かず》を数《かぞ》えながら、 に ✔ をつけましょう。

 は（　　　）個《こ》

宮口幸治：やさしいコグトレ―認知機能強化トレーニング．三輪書店、2018 より

コグトレ

記号《きごう》さがし　①-6

年《ねん》　月《がつ》　日《にち》　名前《なまえ》（　　　　　　　　）

 の数《かず》を数《かぞ》えながら、 に  をつけましょう。

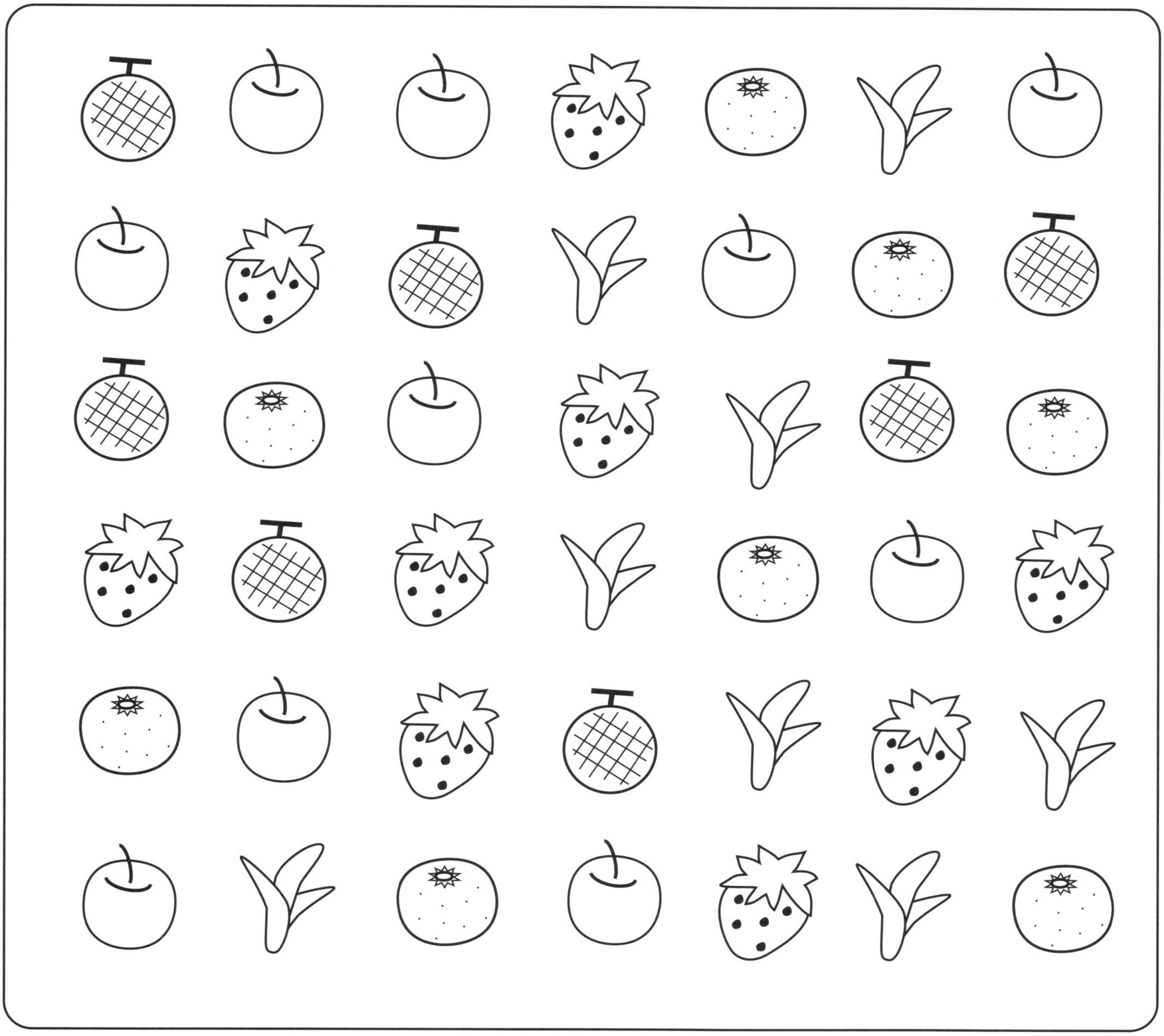

 は（　　　）個《こ》

宮口幸治：やさしいコグトレ―認知機能強化トレーニング．三輪書店、2018 より

コグトレ

記号《きごう》さがし ①－7

年《ねん》　　月《がつ》　　日《にち》　名前《なまえ》(　　　　　　　　　　)

 の数《かず》を数《かぞ》えながら、 に ✔ をつけましょう。

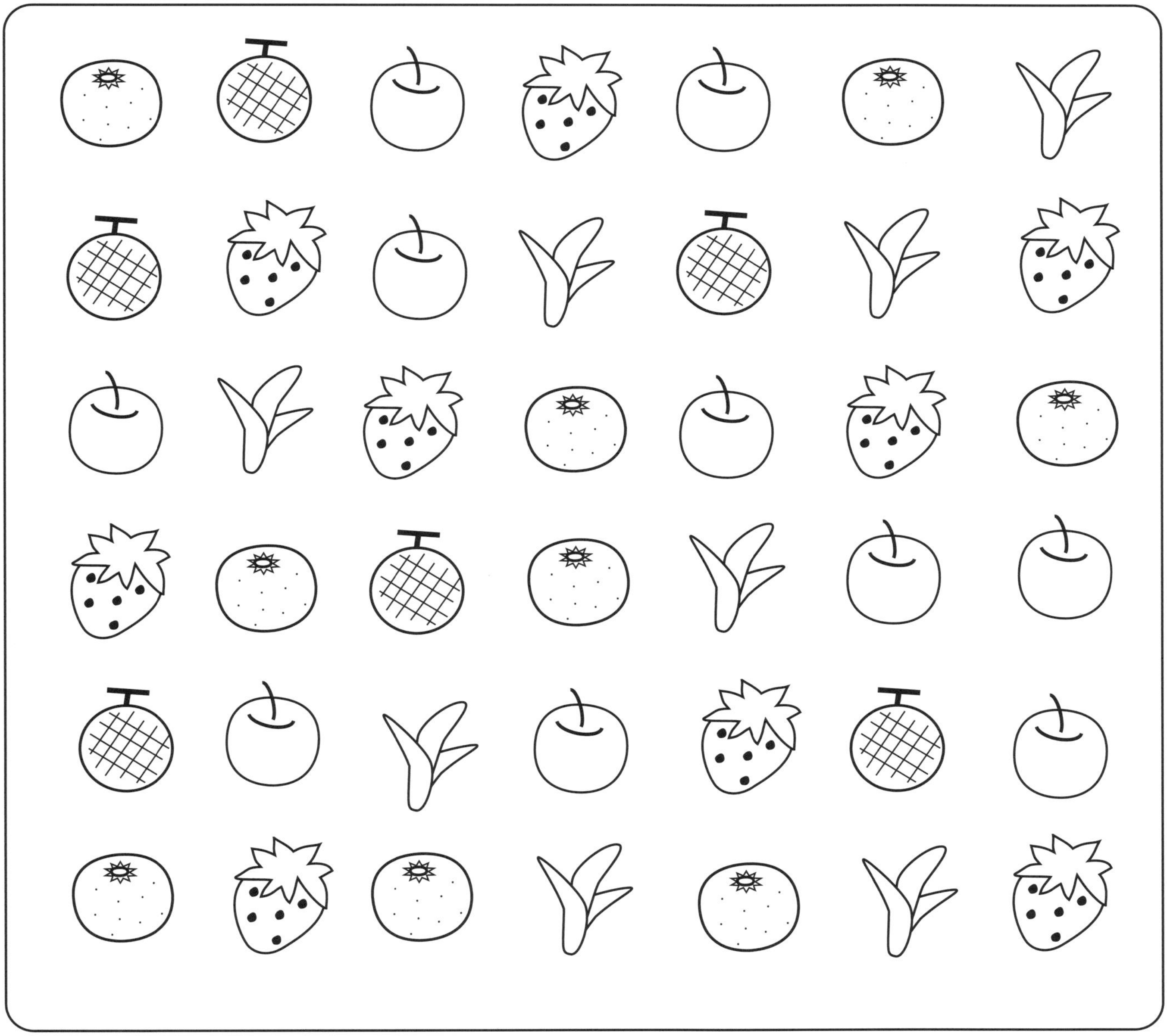

 は（　　　　）個《こ》

宮口幸治：やさしいコグトレ―認知機能強化トレーニング．三輪書店、2018 より

コグトレ

記号《きごう》さがし　①-8

年《ねん》　　月《がつ》　　日《にち》　名前《なまえ》（　　　　　　　　　　）

 の数《かず》を数《かぞ》えながら、 に ✔ をつけましょう。

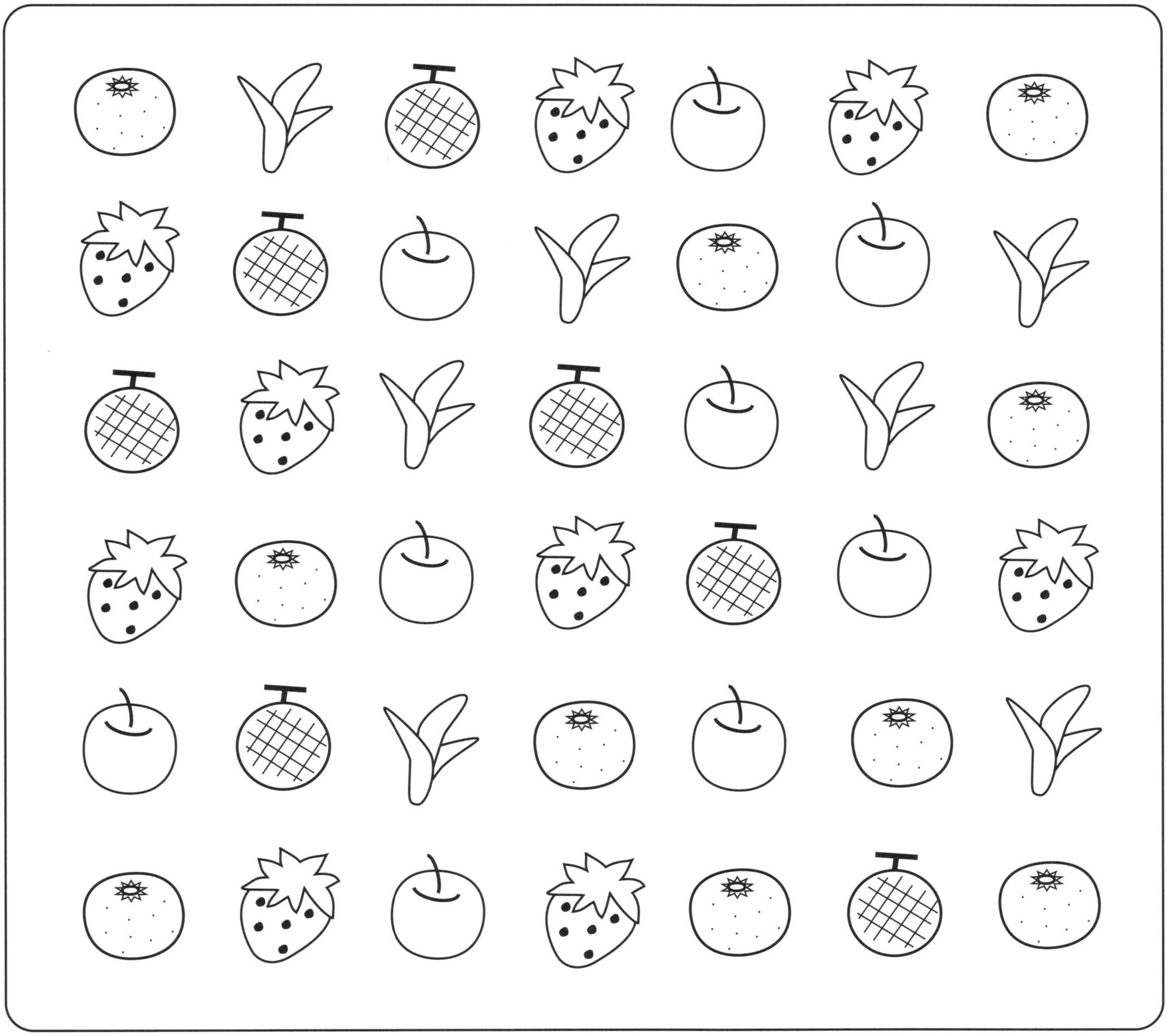

 は（　　　　）個《こ》

宮口幸治：やさしいコグトレ―認知機能強化トレーニング．三輪書店、2018 より

コグトレ

記号《きごう》さがし ①-9

年《ねん》　　月《がつ》　　日《にち》　名前《なまえ》（　　　　　　　　　　）

 の数《かず》を数《かぞ》えながら、 に  をつけましょう。

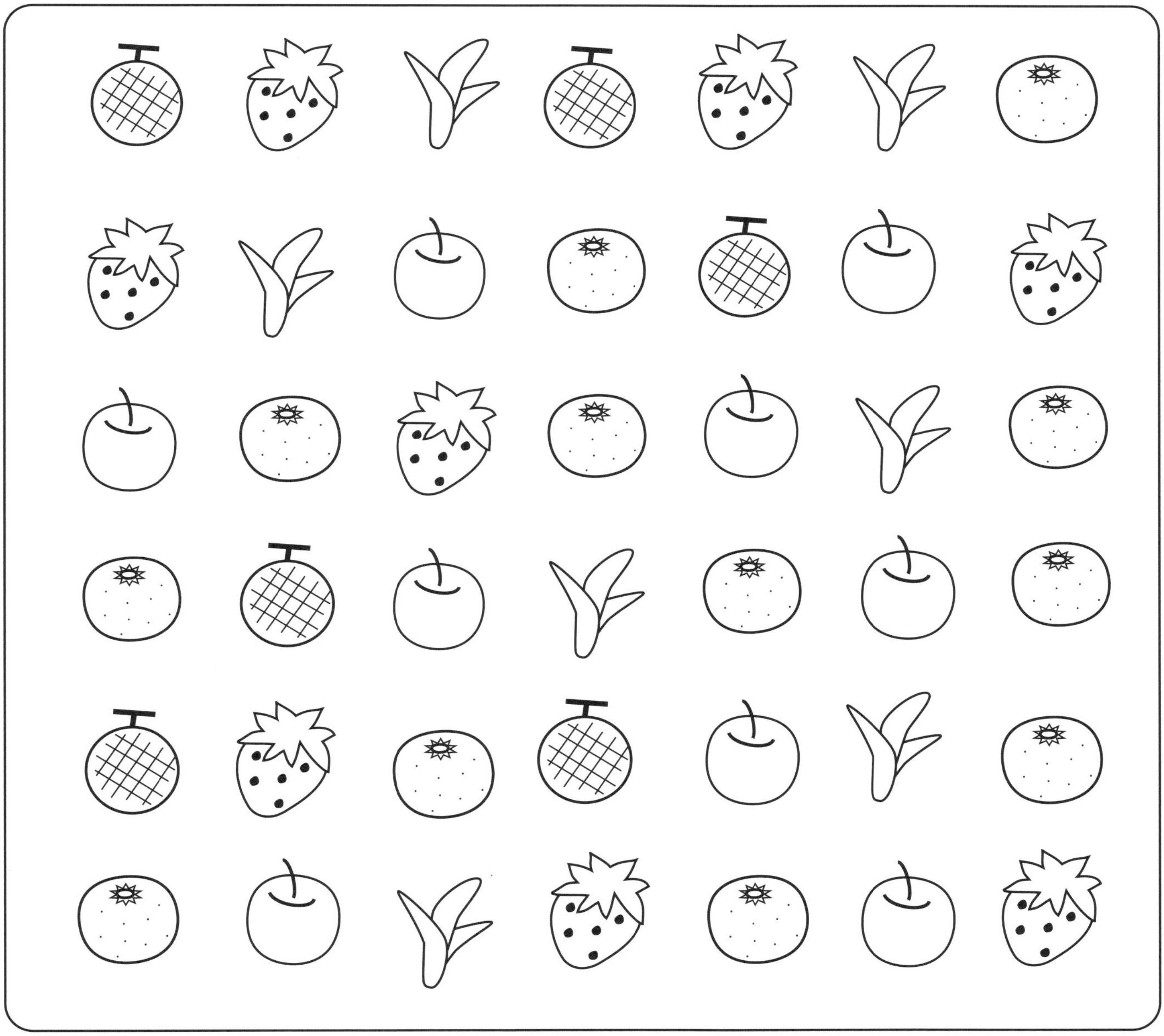

 は（　　　　）個《こ》

宮口幸治：やさしいコグトレ―認知機能強化トレーニング．三輪書店、2018 より

コグトレ

記号《きごう》さがし　①－10

年《ねん》　月《がつ》　日《にち》　名前《なまえ》（　　　　　　　　）

 の数《かず》を数《かぞ》えながら、 に  をつけましょう。

 は（　　　　）個《こ》

宮口幸治：やさしいコグトレ―認知機能強化トレーニング．三輪書店、2018 より

コグトレ

記号《きごう》さがし ①-11

年《ねん》　　月《がつ》　　日《にち》　名前《なまえ》(　　　　　　　　　　)

 の数《かず》を数《かぞ》えながら、 に  をつけましょう。

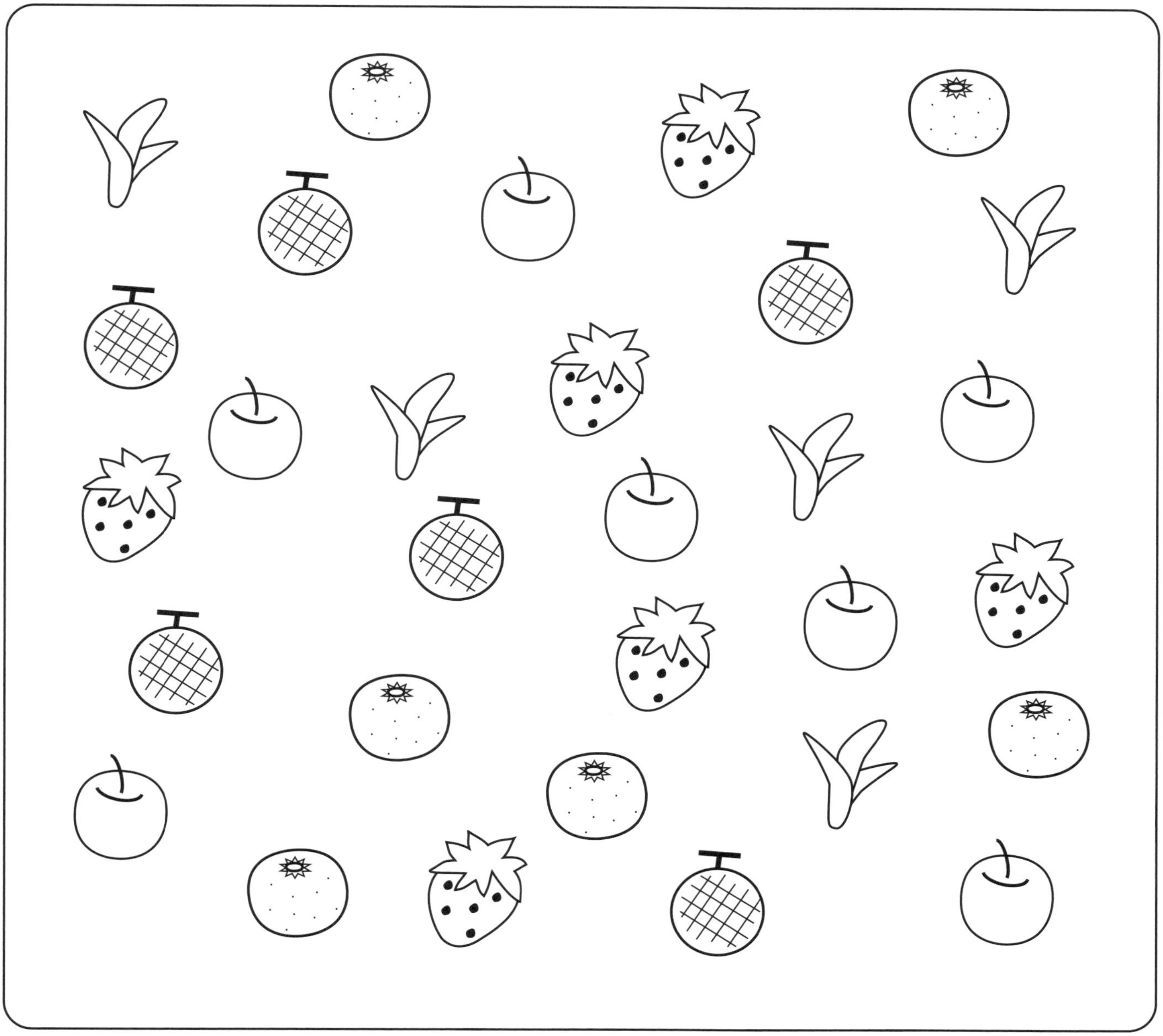

 は (　　　　) 個《こ》

宮口幸治：やさしいコグトレ―認知機能強化トレーニング．三輪書店、2018 より

コグトレ

記号《きごう》さがし ①-12

年《ねん》　月《がつ》　日《にち》　名前《なまえ》（　　　　　　）

 の数《かず》を数《かぞ》えながら、 に ✔ をつけましょう。

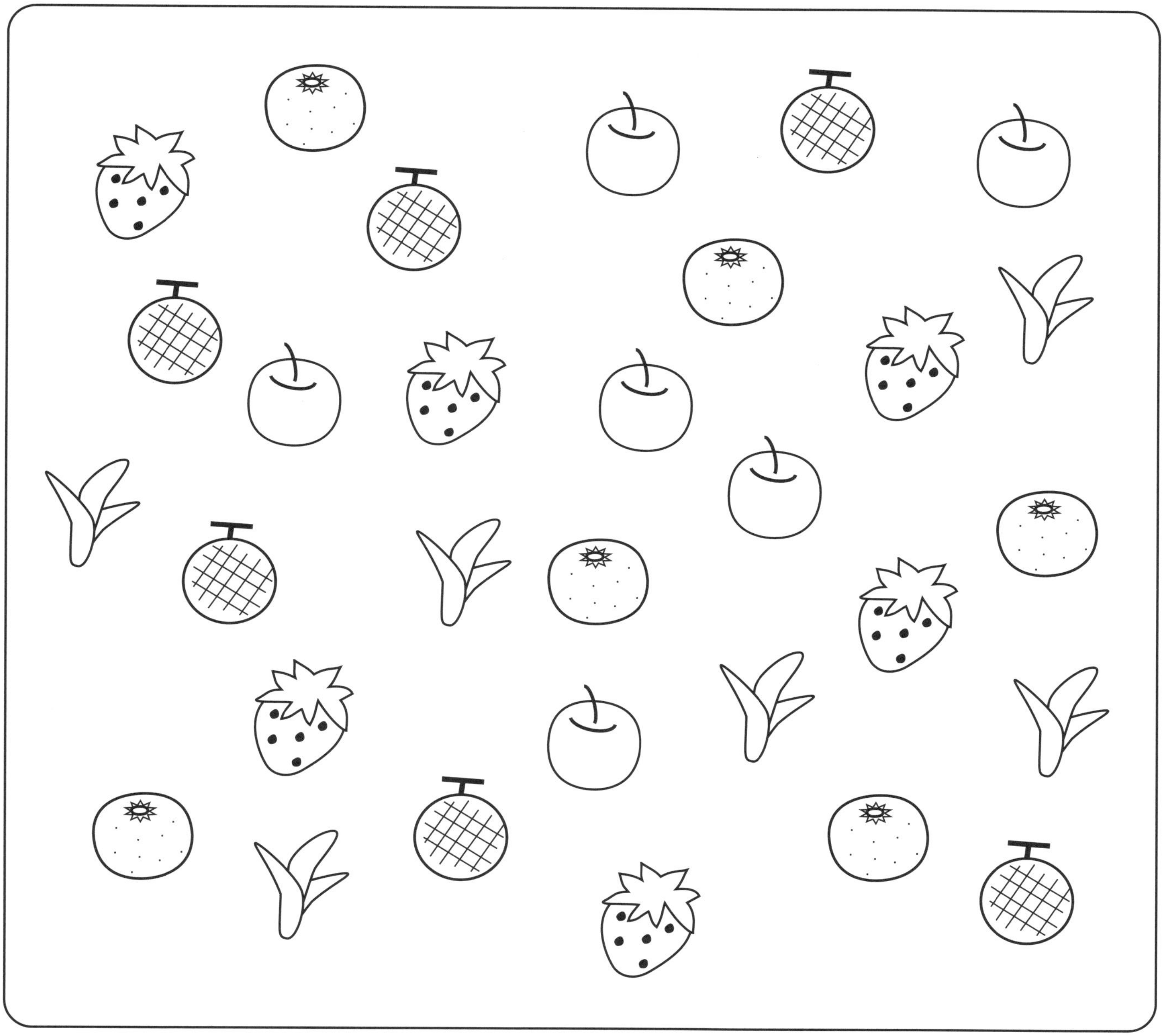

 は（　　　）個《こ》

宮口幸治：やさしいコグトレ―認知機能強化トレーニング．三輪書店、2018 より

コグトレ

記号《きごう》さがし　①－13

年《ねん》　月《がつ》　日《にち》　名前《なまえ》(　　　　　　)

 の数《かず》を数《かぞ》えながら、 に ✔ をつけましょう。

 は (　　　) 個《こ》

宮口幸治：やさしいコグトレ―認知機能強化トレーニング．三輪書店、2018 より

記号《きごう》さがし ①-14

年《ねん》　月《がつ》　日《にち》　名前《なまえ》（　　　　　　　　）

の数《かず》を数《かぞ》えながら、　に ✔ をつけましょう。

は（　　　）個《こ》

宮口幸治：やさしいコグトレ―認知機能強化トレーニング．三輪書店、2018 より

コグトレ

記号《きごう》さがし ①-15

年《ねん》　　月《がつ》　　日《にち》　名前《なまえ》（　　　　　　　　　　）

 の数《かず》を数《かぞ》えながら、 に ✔ をつけましょう。

 は（　　　　）個《こ》

宮口幸治：やさしいコグトレ―認知機能強化トレーニング．三輪書店、2018 より

コグトレ

記号《きごう》さがし ①－16

年《ねん》　月《がつ》　日《にち》　名前《なまえ》（　　　　　　　　）

 の数《かず》を数《かぞ》えながら、 に ✔ をつけましょう。

 は（　　　　）個《こ》

記号《きごう》さがし ①-17

年《ねん》　月《がつ》　日《にち》　名前《なまえ》（　　　　　　　　　）

 の数《かず》を数《かぞ》えながら、 に ✓ をつけましょう。

 は（　　　　）個《こ》

宮口幸治：やさしいコグトレ—認知機能強化トレーニング．三輪書店、2018より

コグトレ

記号《きごう》さがし ①－18

年《ねん》　月《がつ》　日《にち》　名前《なまえ》（　　　　　　）

 の数《かず》を数《かぞ》えながら、 に ✔ をつけましょう。

 は（　　　）個《こ》

宮口幸治：やさしいコグトレ―認知機能強化トレーニング．三輪書店、2018 より

記号《きごう》さがし　①－19

年《ねん》　　月《がつ》　　日《にち》　名前《なまえ》（　　　　　　　　　）

 の数《かず》を数《かぞ》えながら、 に  をつけましょう。

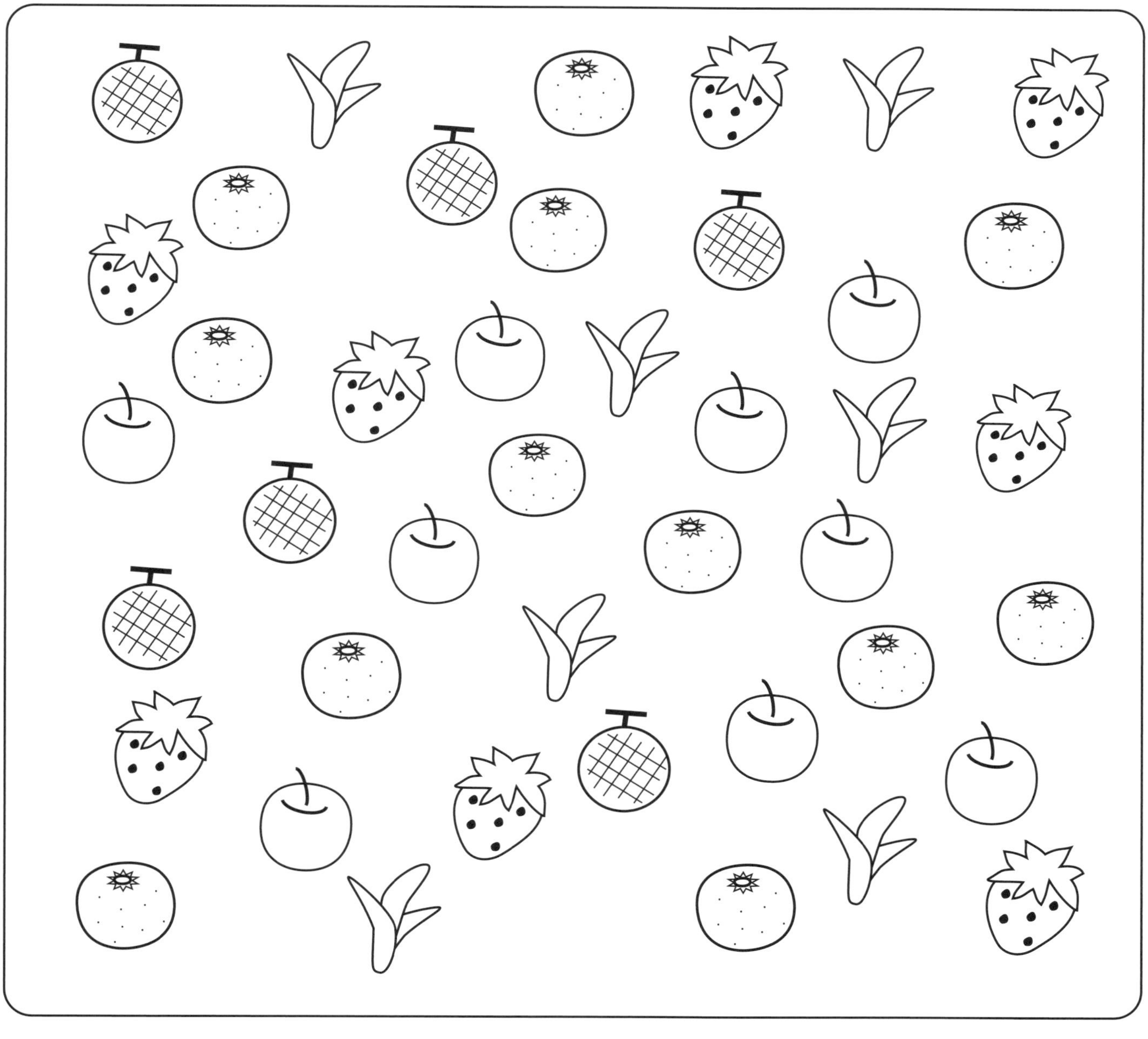

 は（　　　　）個《こ》

宮口幸治：やさしいコグトレ—認知機能強化トレーニング．三輪書店、2018 より

コグトレ

記号《きごう》さがし　①-20

年《ねん》　月《がつ》　日《にち》　名前《なまえ》(　　　　　　　　)

 の数《かず》を数《かぞ》えながら、 に ✔ をつけましょう。

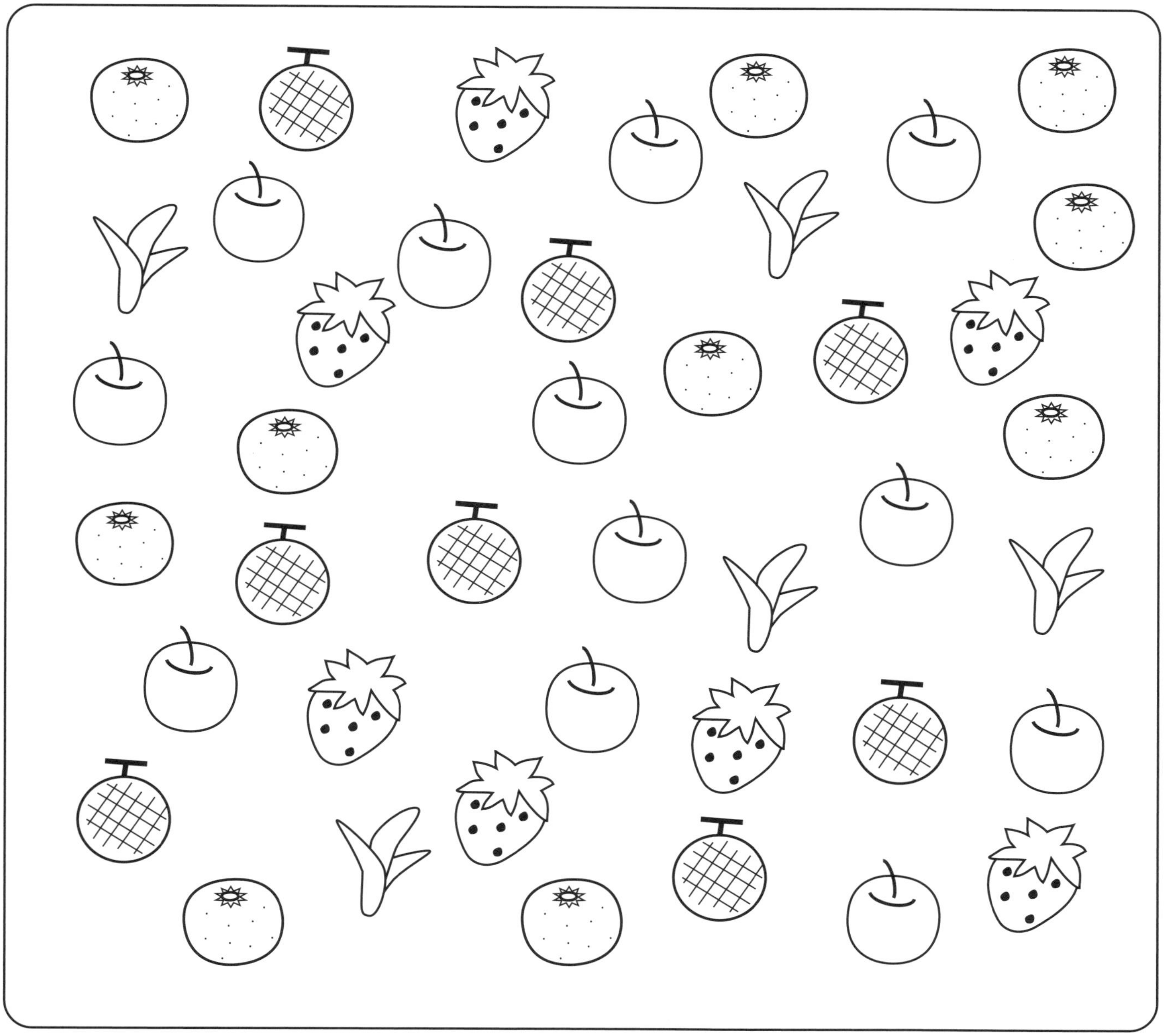

 は (　　　　) 個《こ》

宮口幸治：やさしいコグトレ―認知機能強化トレーニング．三輪書店、2018より

記号《きごう》さがし　①　おまけ1

年《ねん》　　月《がつ》　　日《にち》　名前《なまえ》（　　　　　　　　　　）

 の数《かず》を数《かぞ》えながら、  に ✔ をつけましょう。

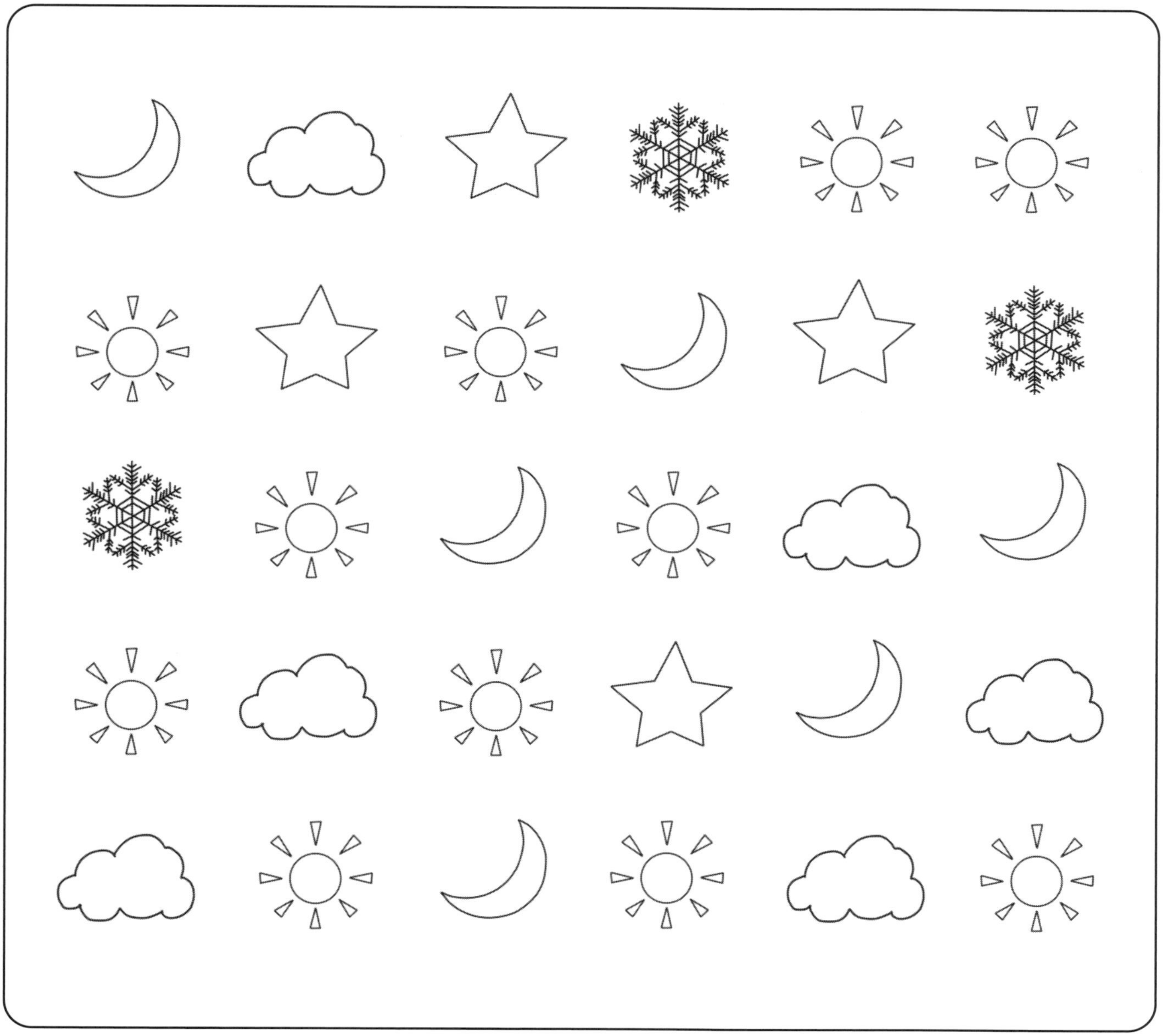

 は（　　　　）個《こ》

宮口幸治：コグトレドリル　やさしいコグトレ―数えるⅠ．三輪書店、2021

コグトレ

記号《きごう》さがし ① おまけ2

年《ねん》　月《がつ》　日《にち》　名前《なまえ》（　　　　　　　　　）

の数《かず》を数《かぞ》えながら、に ✔ をつけましょう。

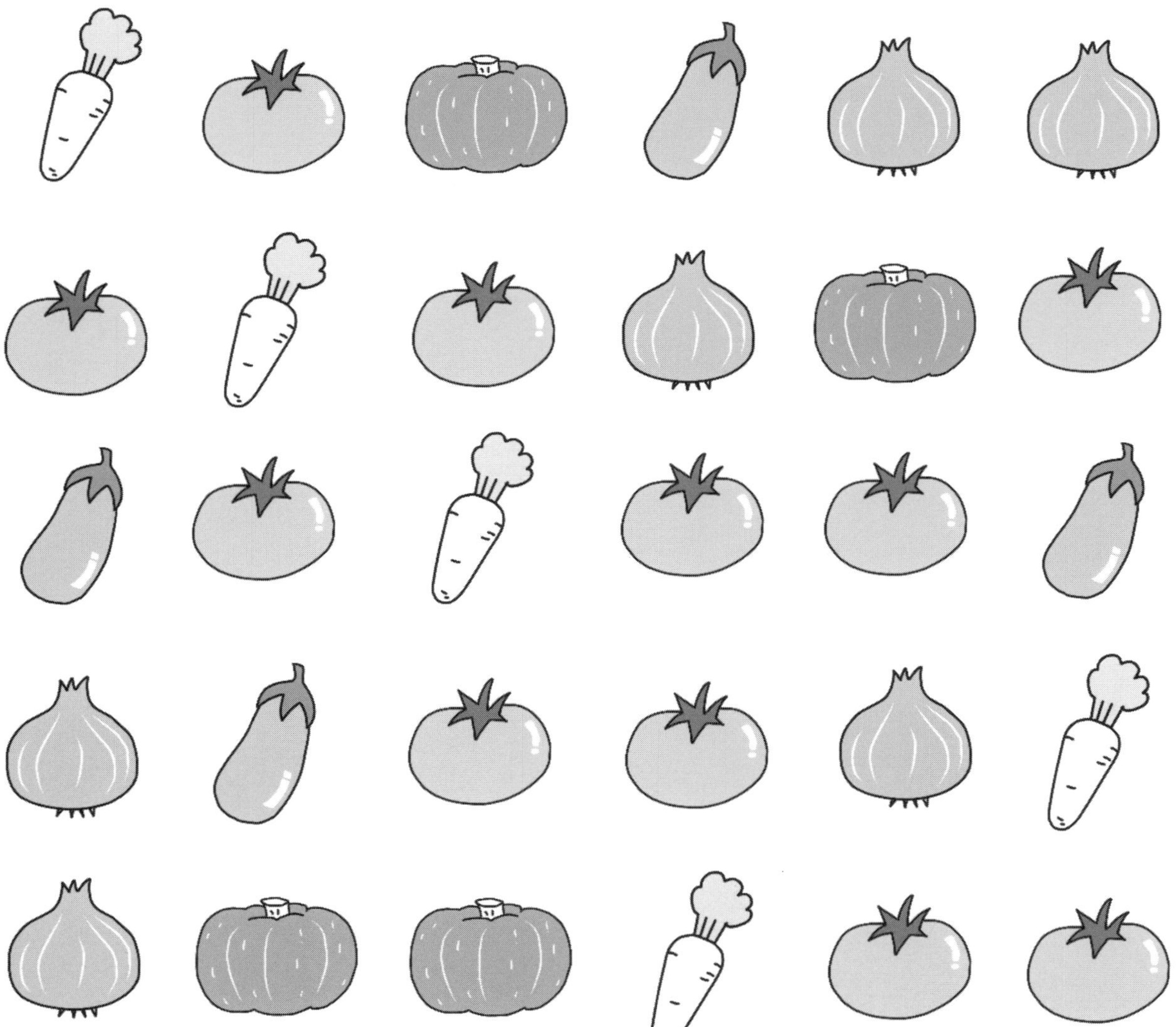

は（　　　　）個《こ》

コグトレ

記号《きごう》さがし　①　おまけ３

年《ねん》　　月《がつ》　　日《にち》　名前《なまえ》（　　　　　　　　　　　）

 の数《かず》を数《かぞ》えながら、  に  をつけましょう。

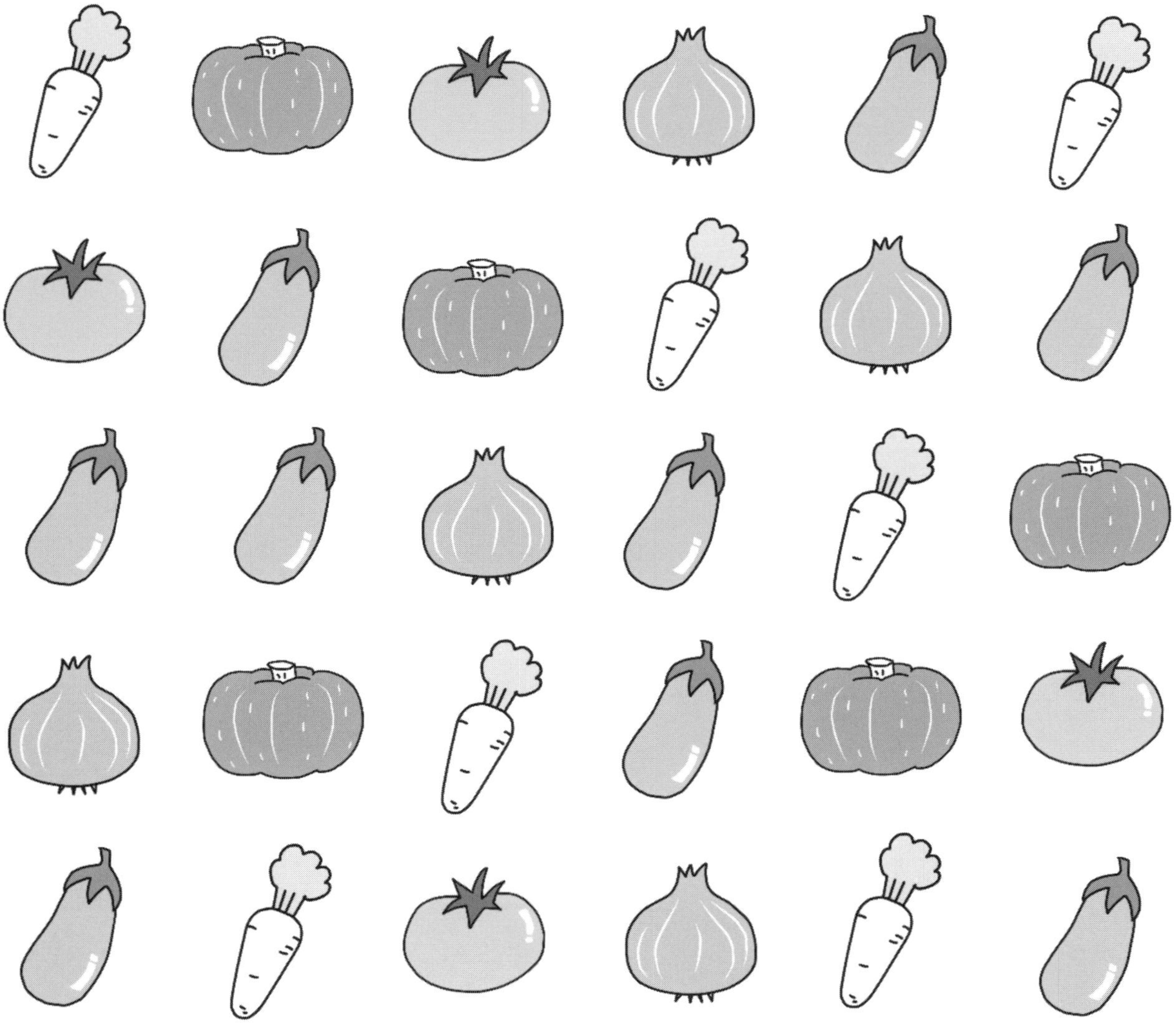

 は（　　　　）個《こ》

宮口幸治：コグトレドリル やさしいコグトレ―数えるⅠ．三輪書店、2021

コグトレ

記号《きごう》さがし ① おまけ4

年《ねん》　月《がつ》　日《にち》　名前《なまえ》（　　　　　　　　　　）

 の数《かず》を数《かぞ》えながら、 に ✔ をつけましょう。

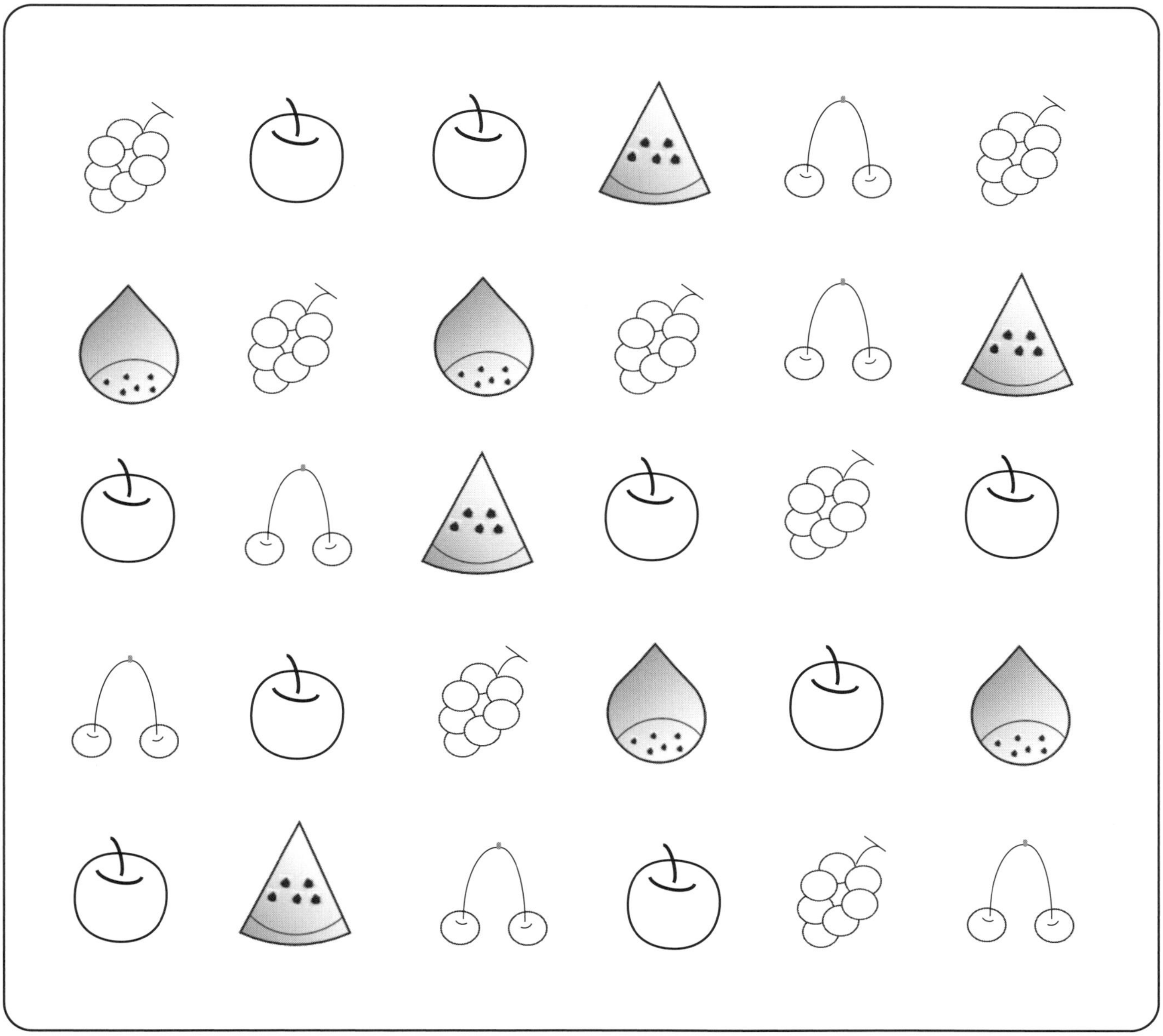

 は（　　　）個《こ》

宮口幸治：コグトレドリル やさしいコグトレ―数えるⅠ．三輪書店、2021

コグトレ

あいう算《ざん》　①－1

年《ねん》　月《がつ》　日《にち》　名前《なまえ》(　　　　　　　　)

計算《けいさん》の答《こた》えと同《おな》じ数字《すうじ》の(　　)に、記号《きごう》を入《い》れましょう。

○	2＋2	●	1＋2	◎	5＋1
△	3＋3	▲	5＋0	⟁	2＋4
□	2＋5	■	7＋2	⧈	1＋1
▽	3＋4	▼	3＋6	⛛	8＋2
◇	2＋0	◆	2＋6	◈	0＋1

1 (　　　)

2 (　　　) (　　　)

3 (　　　)

4 (　　　)

5 (　　　)

6 (　　　) (　　　) (　　　)

7 (　　　) (　　　)

8 (　　　)

9 (　　　) (　　　)

10 (　　　)

宮口幸治：やさしいコグトレ―認知機能強化トレーニング．三輪書店、2018 より

コグトレ

あいう算《ざん》 ① －2

年《ねん》　　月《がつ》　　日《にち》　名前《なまえ》（　　　　　　　　　　　　）

計算《けいさん》の答《こた》えと同《おな》じ数字《すうじ》の（　　）に、記号《きごう》を入《い》れましょう。

○	1＋1	●	1＋0	◎	3＋2
△	1＋8	▲	4＋4	⟁	2＋4
□	1＋6	■	1＋2	⧈	2＋7
▽	0＋1	▼	6＋4	⛛	8＋1
◇	3＋1	◆	1＋5	◈	0＋2

1（　　　　）（　　　　）

2（　　　　）（　　　　）

3（　　　　）

4（　　　　）

5（　　　　）

6（　　　　）（　　　　）

7（　　　　）

8（　　　　）

9（　　　　）（　　　　）（　　　　）

10（　　　　）

宮口幸治：やさしいコグトレ―認知機能強化トレーニング．三輪書店、2018 より

コグトレ

あいう算《ざん》　①－3

年《ねん》　月《がつ》　日《にち》　名前《なまえ》（　　　　　　　　）

計算《けいさん》の答《こた》えと同《おな》じ数字《すうじ》の（　　）に、記号《きごう》を入《い》れましょう。

○	3＋0	●	2＋4	◎	1＋0
△	4＋6	▲	5＋2	二重△	2＋7
□	2＋6	■	0＋1	二重□	2＋8
▽	2＋2	▼	3＋1	二重▽	2＋1
◇	2＋3	◆	1＋1	◈	5＋1

1（　　　）（　　　）

2（　　　）

3（　　　）（　　　）

4（　　　）（　　　）

5（　　　）

6（　　　）（　　　）

7（　　　）

8（　　　）

9（　　　）

10（　　　）（　　　）

コグトレ

あいう算《ざん》 ① - 4

年《ねん》　月《がつ》　日《にち》　名前《なまえ》(　　　　　　　　　　)

計算《けいさん》の答《こた》えと同《おな》じ数字《すうじ》の(　　)に、記号《きごう》を入《い》れましょう。

○	3＋1	●	0＋1	◎	1＋4
△	3＋4	▲	2＋5	⟁	2＋7
□	4＋4	■	3＋3	⧈	2＋4
▽	6＋4	▼	1＋8	⛛	1＋1
◇	2＋1	◆	1＋2	◈	0＋3

1 (　　　　)

2 (　　　　)

3 (　　　　) (　　　　) (　　　　)

4 (　　　　)

5 (　　　　)

6 (　　　　) (　　　　)

7 (　　　　) (　　　　)

8 (　　　　)

9 (　　　　) (　　　　)

10 (　　　　)

宮口幸治：やさしいコグトレ―認知機能強化トレーニング．三輪書店、2018 より

あいう算《ざん》 ① -5

年《ねん》　　月《がつ》　　日《にち》　名前《なまえ》（　　　　　　　　　）

計算《けいさん》の答《こた》えと同《おな》じ数字《すうじ》の（　　）に、記号《きごう》を入《い》れましょう。

○	3＋1	●	1＋1	◎	3＋6
△	1＋2	▲	2＋5	◬	3＋3
□	2＋4	■	1＋9	回	2＋1
▽	1＋0	▼	4＋5	⛛	2＋3
◇	5＋3	◆	2＋7	◈	1＋8

1（　　　　）

2（　　　　）

3（　　　　）（　　　　）

4（　　　　）

5（　　　　）

6（　　　　）（　　　　）

7（　　　　）

8（　　　　）

9（　　　　）（　　　　）（　　　　）（　　　　）

10（　　　　）

宮口幸治：やさしいコグトレ—認知機能強化トレーニング．三輪書店、2018 より

コグトレ

あいう算《ざん》 ① -6

年《ねん》　　月《がつ》　　日《にち》　名前《なまえ》(　　　　　　　　　　)

計算《けいさん》の答《こた》えと同《おな》じ数字《すうじ》の(　　)に、記号《きごう》を入《い》れましょう。

○	2＋2	●	9＋1	◎	3＋3
△	2＋1	▲	1＋7	⟁	3＋2
□	1＋3	■	4＋2	回	3＋0
▽	3＋6	▼	1＋2	⛛	0＋1
◇	2＋5	◆	2＋0	◈	2＋7

1 (　　　　)

2 (　　　　)

3 (　　　　) (　　　　) (　　　　)

4 (　　　　) (　　　　)

5 (　　　　)

6 (　　　　) (　　　　)

7 (　　　　)

8 (　　　　)

9 (　　　　) (　　　　)

10 (　　　　)

宮口幸治：やさしいコグトレ―認知機能強化トレーニング．三輪書店、2018 より

あいう算《ざん》 ①－7

年《ねん》　　月《がつ》　　日《にち》　名前《なまえ》（　　　　　　　　　　）

計算《けいさん》の答《こた》えと同《おな》じ数字《すうじ》の（　　）に、記号《きごう》を入《い》れましょう。

○	4＋4	●	2＋8	◎	1＋3
△	7＋2	▲	1＋1	⟁	2＋5
□	1＋0	■	6＋2	⧈	3＋1
▽	0＋1	▼	3＋4	⛛	4＋1
◇	3＋3	◆	2＋1	◈	2＋2

1（　　　）（　　　）

2（　　　）

3（　　　）

4（　　　）（　　　）（　　　）

5（　　　）

6（　　　）

7（　　　）（　　　）

8（　　　）（　　　）

9（　　　）

10（　　　）

宮口幸治：やさしいコグトレ―認知機能強化トレーニング．三輪書店、2018 より

コグトレ

あいう算《ざん》 ① －８

年《ねん》　　月《がつ》　　日《にち》　名前《なまえ》(　　　　　　　　　　)

計算《けいさん》の答《こた》えと同《おな》じ数字《すうじ》の(　　)に、記号《きごう》を入《い》れましょう。

○	5＋1	●	1＋6	◎	4＋6
△	1＋1	▲	3＋3	⟁	1＋5
□	3＋7	■	7＋2	⧈	3＋4
▽	3＋1	▼	3＋0	⛛	2＋6
◇	2＋4	◆	1＋0	◈	4＋1

1 (　　　　)

2 (　　　　)

3 (　　　　)

4 (　　　　)

5 (　　　　)

6 (　　　　)(　　　　)(　　　　)(　　　　)

7 (　　　　)(　　　　)

8 (　　　　)

9 (　　　　)

10 (　　　　)(　　　　)

宮口幸治：やさしいコグトレ―認知機能強化トレーニング．三輪書店、2018 より

コグトレ

あいう算《ざん》 ①－9

年《ねん》　　月《がつ》　　日《にち》　名前《なまえ》（　　　　　　　　　　　）

計算《けいさん》の答《こた》えと同《おな》じ数字《すうじ》の(　　)に、記号《きごう》を入《い》れましょう。

○	3＋0	●	1＋0	◎	5＋2
△	2＋3	▲	5＋4	⟁	4＋6
□	2＋1	■	7＋0	⧈	1＋2
▽	7＋2	▼	0＋2	⛛	3＋5
◇	1＋3	◆	3＋4	◈	5＋1

1（　　　　）

2（　　　　）

3（　　　　）（　　　　）（　　　　）

4（　　　　）

5（　　　　）

6（　　　　）

7（　　　　）（　　　　）（　　　　）

8（　　　　）

9（　　　　）（　　　　）

10（　　　　）

宮口幸治：やさしいコグトレ―認知機能強化トレーニング．三輪書店、2018 より

コグトレ

あいう算《ざん》 ① - 10

年《ねん》　　月《がつ》　　日《にち》　名前《なまえ》(　　　　　　　　　　　　)

計算《けいさん》の答《こた》えと同《おな》じ数字《すうじ》の(　　)に、記号《きごう》を入《い》れましょう。

○	3＋1	●	2＋4	◎	2＋8
△	3＋2	▲	3＋5	⟁	3＋3
□	2＋7	■	1＋0	⧈	2＋6
▽	0＋2	▼	3＋6	⛛	5＋1
◇	7＋3	◆	2＋5	◈	2＋1

1 (　　　　)

2 (　　　　)

3 (　　　　)

4 (　　　　)

5 (　　　　)

6 (　　　　) (　　　　) (　　　　)

7 (　　　　)

8 (　　　　) (　　　　)

9 (　　　　) (　　　　)

10 (　　　　) (　　　　)

宮口幸治：やさしいコグトレ—認知機能強化トレーニング．三輪書店、2018 より

コグトレ

あいう算《ざん》 ① おまけ1

年《ねん》　月《がつ》　日《にち》　名前《なまえ》(　　　　　　)

計算《けいさん》の答《こた》えと同《おな》じ数字《すうじ》の(　　)に、記号《きごう》を入《い》れましょう。

○	2＋0	●	1＋4	◎	6＋1
▷	1＋3	▶	8＋0		2＋4
♡	4＋5	♥	1＋1		6＋2
◁	9＋1	◀	4＋4		7＋3
◇	2＋1	◆	3＋5	◈	1＋0

1（　　　）

2（　　　）（　　　）

3（　　　）

4（　　　）

5（　　　）

6（　　　）

7（　　　）

8（　　　）（　　　）（　　　）（　　　）

9（　　　）

10（　　　）（　　　）

宮口幸治：コグトレドリル やさしいコグトレ―数えるⅠ．三輪書店、2021

コグトレ

あいう算《ざん》 ① おまけ２

年《ねん》　月《がつ》　日《にち》　名前《なまえ》（　　　　　　　　）

計算《けいさん》の答《こた》えと同《おな》じ数字《すうじ》の（　　）に、記号《きごう》を入《い》れましょう。

○	5＋5	●	3＋3	◎	1＋1
▷	7＋1	▶	2＋6		0＋1
♡	4＋1	♥	5＋2		3＋0
◁	2＋3	◀	2＋7		2＋2
◇	3＋4	◆	0＋5		5＋1

1（　　）

2（　　）

3（　　）

4（　　）

5（　　）（　　）（　　）

6（　　）（　　）

7（　　）（　　）

8（　　）（　　）

9（　　）

10（　　）

宮口幸治：コグトレドリル やさしいコグトレ―数えるⅠ．三輪書店、2021

コグトレ

あいう算《ざん》　①　おまけ３

年《ねん》　月《がつ》　日《にち》　名前《なまえ》（　　　　　　　　　　）

計算《けいさん》の答《こた》えと同《おな》じ数字《すうじ》の（　　）に、記号《きごう》を入《い》れましょう。

○	3＋2	●	5＋1	◎	0＋2
▷	2＋5	▶	1＋0	▷(二重)	2＋1
♡	5＋5	♥	0＋3	♡(二重)	1＋4
◁	1＋7	◀	8＋1	◁(二重)	1＋6
◇	3＋1	◆	3＋6	◈	6＋4

1（　　　　）

2（　　　　）

3（　　　　）（　　　　）

4（　　　　）

5（　　　　）（　　　　）

6（　　　　）

7（　　　　）（　　　　）

8（　　　　）

9（　　　　）（　　　　）

10（　　　　）（　　　　）

宮口幸治：コグトレドリル やさしいコグトレ―数える I．三輪書店、2021

あいう算《ざん》　①　おまけ4

年《ねん》　月《がつ》　日《にち》　名前《なまえ》（　　　　　　　　　　）

計算《けいさん》の答《こた》えと同《おな》じ数字《すうじ》の（　　）に、記号《きごう》を入《い》れましょう。

○	6＋1	●	1＋2	◎	3＋6
▷	8＋2	▶	2＋2		7＋2
♡	1＋7	♥	3＋2		1＋0
◁	0＋9	◀	3＋3		4＋3
◇	1＋1	◆	3＋7		5＋1

1（　　　）

2（　　　）

3（　　　）

4（　　　）

5（　　　）

6（　　　）（　　　）

7（　　　）（　　　）

8（　　　）

9（　　　）（　　　）（　　　）

10（　　　）（　　　）

宮口幸治：コグトレドリル やさしいコグトレ―数えるⅠ．三輪書店、2021

コグトレドリル やさしいコグトレ―数えるⅠ

こたえ

記号さがし

①−1 🍎：7
①−2 🍎：6
①−3 🍎：7
①−4 🍎：8
①−5 🍎：6
①−6 🍎：10
①−7 🍎：10
①−8 🍎：9
①−9 🍎：9
①−10 🍎：12
①−11 🍎：7
①−12 🍎：6
①−13 🍎：7
①−14 🍎：8
①−15 🍎：6
①−16 🍎：10
①−17 🍎：10
①−18 🍎：9
①−19 🍎：9
①−20 🍎：12
①−おまけ1 🔆：11
①−おまけ2 🍅：11
①−おまけ3 🍆：9
①−おまけ4 🍎：9

あいう算

①−1

1 (◈)
2 (◇) (⧈)
3 (●)
4 (○)
5 (▲)
6 (△) (◎) (◬)
7 (□) (▽)
8 (◆)
9 (■) (▼)
10 (⛛)

①−2

1 (▽) (●)
2 (○) (◈)
3 (■)
4 (◇)
5 (◎)
6 (◆) (◬)
7 (□)
8 (▲)
9 (△) (⧈) (⛛)
10 (▼)

①−3

1 (■) (◎)
2 (◆)
3 (○) (⛛)
4 (▽) (▼)
5 (◇)
6 (●) (◈)
7 (▲)
8 (□)
9 (◬)
10 (△) (⧈)

①−4

1 (●)
2 (⛛)
3 (◇) (◆) (◈)
4 (○)
5 (◎)
6 (■) (⧈)
7 (△) (▲)
8 (□)
9 (▼) (◬)
10 (▽)

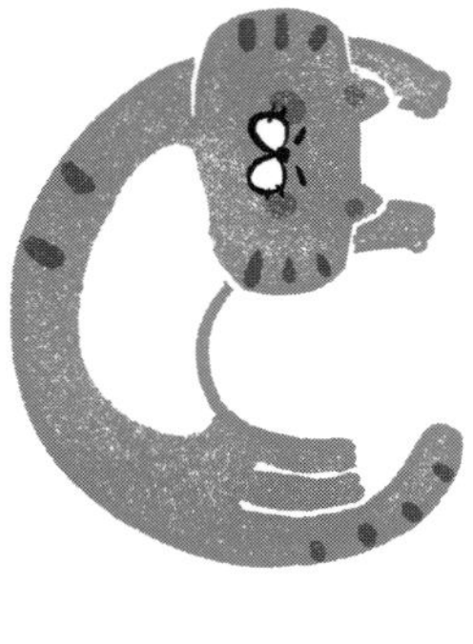

①−5

1 (▽)
2 (●)
3 (△) (⧈)
4 (○)
5 (⛛)
6 (□) (◬)
7 (▲)
8 (◇)
9 (▼) (◆) (◎) (◈)
10 (■)

①−6

1 (⛛)
2 (◆)
3 (△) (▼) (⧈)
4 (○) (□)
5 (◬)
6 (■) (◎)
7 (◇)
8 (▲)
9 (▽) (◈)
10 (●)

あいう算（続き）

①−7

1 （□）（▽）
2 （▲）
3 （◆）
4 （◎）（▣）（◈）
5 （▽(二重)）
6 （◇）
7 （▼）（△(二重)）
8 （○）（■）
9 （△）
10 （●）

①−8

1 （◆）
2 （△）
3 （▼）
4 （▽）
5 （◈）
6 （○）（◇）（▲）（△(二重)）
7 （●）（▣）
8 （▽(二重)）
9 （■）
10 （□）（◎）

①−9

1 （●）
2 （▼）
3 （○）（□）（▣）
4 （◇）
5 （△）
6 （◈）
7 （■）（◆）（◎）
8 （▽(二重)）
9 （▽）（▲）
10 （△(二重)）

①−10

1 （■）
2 （▽）
3 （◈）
4 （○）
5 （△）
6 （●）（△(二重)）（▽(二重)）
7 （◆）
8 （▲）（▣）
9 （□）（▼）
10 （◇）（◎）

あいう算

①おまけ−1

1 （◈）
2 （○）（♥）
3 （◇）
4 （▷）
5 （●）
6 （▷(二重)）
7 （◎）
8 （▶）（◀）（◆）（♡(二重)）
9 （♡）
10 （◁）（◁(二重)）

①おまけ−2

1 （▷(二重)）
2 （◎）
3 （♡(二重)）
4 （◁(二重)）
5 （♡）（◁）（◆）
6 （●）（◈）
7 （◇）（♥）
8 （▷）（▶）
9 （◀）
10 （○）

①おまけ−3

1 （▶）
2 （◎）
3 （♥）（▷(二重)）
4 （◇）
5 （○）（♡(二重)）
6 （●）
7 （▷）（◁(二重)）
8 （◁）
9 （◀）（◆）
10 （♡）（◈）

①おまけ−4

1 （♡(二重)）
2 （◇）
3 （●）
4 （▶）
5 （♥）
6 （◀）（◈）
7 （○）（◁(二重)）
8 （♡）
9 （◁）（◎）（▷(二重)）
10 （▷）（◆）

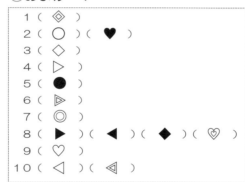

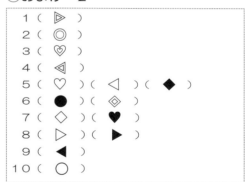

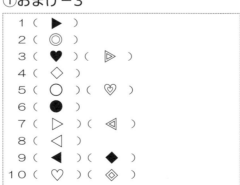

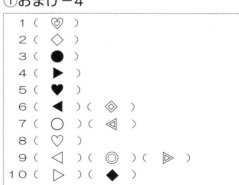